습작, 작품이 되다

지혜사랑 312

습작, 작품이 되다

권예자 시집

시인의 말

크고 작은 집과 집 사이에
염치없이
또 하나의 새집을 짓습니다.

누구도 부르지 않았지만
이름표를 달았고
촛불을 켜서
그림자를 들였습니다.

특별한 이유는 없습니다.
대단한 목적을 둔 것은
더더욱 아닙니다.

숲이 나를 보고
비밀 일기장
가문비나무 기록장은
당신이 읽기도 전
페이지가 덮였습니다.

시인이란 이름표를 받던 날 약속드린
작고 따뜻한 집 한 채,
시를 품고 살아온 당신께 드립니다.

이 조용한 벽돌 몇 장
당신 발아래
고운 흙으로 스며들기를 바라며….

2025. 여름.
봄비, 권예자

차례

시인의 말 ——————————— 4

1부 사계절이 함께 사는 천장

채석강은 입이 무겁다 ——————— 12
등 푸른 것들의 유언 ——————— 14
사계절이 함께 사는 천장 —————— 16
피정복자의 넋두리 ———————— 18
코다리가 궁금한 시간 ——————— 20
괭이밥 ————————————— 22
문밖에 있는 잔 ————————— 23
악몽 ————————————— 24
간을 보이다 —————————— 25
그날, 그녀가 사라졌다 —————— 26
저녁의 입 ——————————— 28
캐리어 속의 침묵 ———————— 30
시간 예술가 —————————— 32

2부 습작, 작품이 되다

습작, 작품이 되다 — 36
진통제 — 38
없어도 있는 것 — 39
것이다가 만든 창문 — 40
비밀은 부지런하다 — 42
예방주사를 맞다 — 44
블랙 아이스 — 46
누가 말에게 먹이를 주었나 — 48
무단침입 — 49
감정 노동자 — 50
그믐을 건너는 달 — 51
그리움을 찍는 골목 — 52
세탁기 — 54

3부 서대전 공원의 저물녘

삼위일체 — 56
그들은 모른다 — 57
수밀도 — 58
적당히 — 59
말랑말랑한 사월 — 60
난생처음 늙어 본다 — 61
짝사랑이 길다 — 62
운명이란 놈 — 64
생의 모서리에 찔렸을 때 — 66
벽과 벽 사이 — 68
꿈이 사는 곳 — 69
서대전 공원의 저물녘 — 70
빨갛게 물든 하루 — 71

4부 붉은 울음에 홀리다

서바이벌 ———————————— 74
유월의 벤치 ——————————— 76
팔방미인 ———————————— 77
폐장 무렵 ———————————— 78
새벽 —————————————— 79
붉은 울음에 홀리다 ———————— 80
제주 은갈치의 꿈 ————————— 81
용서할 수 없는, 그러나… —————— 82
케이팝 팬클럽 —————————— 84
풍경을 끌어당기는 기차 ——————— 86
찍다 —————————————— 88
지지 못한 백일홍 ————————— 89
산에서 산을 읽다 ————————— 90

5부 서쪽으로 떠나는 배

철물점 아래 ——————————— 94
기다림의 결 ——————————— 97
서쪽으로 떠나는 배 ———————— 98
노란 봄날의 기도 ————————— 100
딸기를 깎다가 —————————— 102
새까만 발소리 —————————— 103
숨결 머무는 자리 ————————— 104
꼭 그럴 것 같다 ————————— 106
지우지 못한 전화번호 ——————— 107
흰 국화 피는 바다 ————————— 108
부부夫婦 ————————————— 109
기억의 방 ———————————— 110
추억이 사는 집 —————————— 112

6부 흔들리는 들꽃

눈동자의 적수 ——————————— 114
밥 ——————————————————— 116
목을 비틀다 ————————————— 117
변곡점의 내리막에서 ———————— 118
화살나무 —————————————— 120
만남의 묘약 ————————————— 121
양귀비의 하사품 —————————— 122
경고문을 붙이다 —————————— 124
뼈만 남은 해탈 ——————————— 125
먼지가 바람에게 —————————— 126
마트료시카Матрёшка ——————— 128
0.1초 ———————————————— 131
어성전 옥수수 ———————————— 132
흔들리는 들꽃 ———————————— 134

해설 • 몸이 있어 존재하고 소멸하는
　　생명들에 대한 헌사 • 김명원 ——— 137

1부
사계절이 함께 사는 천장

- **일러두기**

  페이지의 첫줄이 연과 연 사이의 띄어쓰기 줄에 해당할 경우 >로 표시합니다.

채석강*은 입이 무겁다

저 많은 책의 저자들은 다 어디 있을까
표지도 갈피도 비슷비슷
검붉은 층층 마다 달빛 기웃거린다

그들만의 질서로 촘촘히 쌓은
모음 자음이 제멋대로인 문자들
문법을 초월한 문장으로 엮은
얽히고설킨 페이지 짭짜름하다

숨죽여 참아온 오랜 기다림으로
너덜너덜 바스러진 문장들
어떤 사연들은 찢겨나간 페이지에 실려
어둠을 틈타 먼바다로 탈출했다

그대와 나의 이야기는
어떤 책 어느 페이지에 접힌 듯 숨어 있을까
파도의 꼬드김 독하게 밀어내며
새까만 그믐밤을 기다리고 있었을까

남몰래 책 한 권 꺼내 보려다
눈 밝은 달빛에 들켜
깊게 베인 손가락이 밤새 아리다

\>
오늘도
채석강은 비밀을 누설하지 않았다

* 전라북도 기념물 제28호, 변산반도 서쪽 끝 격포항格浦港 오른쪽 닭이봉鷄峰 일대의 1.5km의 층암절벽과 바다를 총칭하는 지명.

등 푸른 것들의 유언

아무리 침묵을 가르쳐도
자신을 드러내는 것들이 있다

평생 굽힌 적 없었다며
길고 반듯이 누운 꼿한 족속
짭짤한 소금기로 무장하고
죽어서도 제 짝을 백허그하는
고등한 족속

참숯화로에 나란히 누웠거나
시큼한 묵은지에 덮여 있거나
칼칼한 양념 무에 올라앉아도
사방팔방 비릿한 소리를 띄우는
요란한 족속들이 있다

나는 이제 두 번째 죽는다
죄도 없이 두 번이나 죽는다

등 푸른 것들 요란스럽다고
하얗게 눈 흘기다가 울컥 목이 멘다

＞
유언 한 마디 못 전하고 쓸쓸히 떠난
자식 자랑에 침이 마르던 독거노인
그 어르신 생각이 나서

사계절이 함께 사는 천장

골목 모퉁이 선명세탁소
전화기 옆 낮은 벽에는
삼십 년 동안 한 자리를 지키는
누런 자격증이 터를 잡았다

바닥보다 밀도가 높은 천정엔
촘촘히 매달린 세분된 사계절이 산다
초겨울 겨울 한겨울 늦은 겨울
이른 봄 늦은 봄 더 늦은 봄
여름과 가을은 깊숙한 곳에 매달려
제집으로 돌아갈 기회를 노린다

때 묻은 계절의 입원 기간은 보통 이삼일이지만
더러는 일이 년이 걸리기도 하고
오래 자리를 비우지 않아
강제 퇴원을 당하기도 한다

원장은 들뜬 기쁨이 묻어오거나
눈물이 홍건하게 담겨있거나
분노가 서리서리 엉겨오는 계절들을
씻기고 다듬고 매만져
원래의 모습에 가깝도록 치료하는데

가장 고치기 힘든 병은 노인성 무기력증이다

때론 처음 대하는 고질병을 치료하다가
모습이 엉클어지거나 표정이 변해
보호자와 언성이 높아지기도 하지만
원만한 해결로 그 계절과 작별한다

속 보이는 옷을 입은 계절들이
줄줄이 매달린 천장 입원실
숨죽인 바람을 사이사이 걸어두는 것은
고도의 기술이 필요하지만
빛바랜 자격증이 거뜬히 해결한다

원장이 계절을 한 장씩 불러내어
차근차근 다림질을 시작하면
계절들이 먼저 눈치를 채고
지난해를 스캔할 준비를 한다

피정복자의 넋두리

스쳐 가는 바람인 줄 알았다
특별한 인연 만들지 않고
나그네로 왔다가 나그네로 떠나갈
한 줄기 바람이라 여겼다

제 텃밭처럼 주저앉아
삶을 통제하는 점령군이 될 줄
아무도 알지 못했다

교회발 콜센터발 이태원클럽발
해외입국자 발, 발, 발
높이뛰기 멀리뛰기 장애물넘기
수많은 발이 이쪽저쪽 달리기도 잘한다

마주 앉아 음식을 나누며
이승의 주소를 천상에 옮기는 이름을
함께 배웅하던 일
사랑하는 이들의 반가운 악수와 포옹
퇴근길 나른한 몸으로 주고받던 소주 한 잔
접시가 뒤집힌다며 타박받던 까르르 수다
흔하고 당연하던 일들에 제동이 걸리고
연인의 뜨거운 입맞춤마저

마스크가 가로막는다

언택트 수업 언택트 콘서트 언택트 결혼식
지나가면 다시 못 올 귀한 순간들까지
겹겹이 적막을 붙여버린 저 점령군

또 하루를 그들에게 내어주며
내일의 복수를 다짐해도
현재진행형을 과거완료형으로 바꾸어 놓을
화력 좋은 신무기 소식은 아직도 한밤중이다

코다리가 궁금한 시간

그녀는 생각하지 않았다
요리에 대해
노래에 대해
찾아야 할 어떤 것에 대해
새로움은 늘 생각의 바깥이었다

정해진 틀 속 하나의 톱니바퀴처럼
주변의 변화에 맞춰 자연스레 돌고 돌았다
어떤 불편함도 느끼지 않았다
더러 칭찬도 받으며
속으로 흐느낀 저녁들
그날들엔 이유 모를 눈물도 있었다

코다리 냉면은 누가 만들었나
코다리는 누가 잡았나
식당의 손님들은 어디서 왔을까
생각해 보지 않았다
생각할 필요가 없었다

갑자기 코다리가 궁금해지는 시간
무슨 인연으로 이 코다리는
그녀 안에 제 찢어진 시신을 부리는지

그녀는 왜 그의 묘지가 되어야 하는지
일면식도 없던 코다리와 그녀 사이에
왜 왜 왜? 가 생겼다

아무렇지 않던 일들에
불쑥 제동이 걸리는 저녁
말린 코다리보다
그녀가 더 말라 있진 않을까
왜? 왜? 에 하얀 시트가 스르륵 덮인다
죽은 건 코다리
그녀는 아직 숨 쉬고 있지만

괭이밥

괭이밥 한 포기
군자란 꽃대 아래
주춧돌 몇 개 묻어 놓고
살그머니 자리를 잡는다

내일은 기둥을 세우고
대들보 올리고 지붕을 덮어야지
허기진 몸으로 꾸는 꿈이 달다

남의 땅에 들어왔다고 밀리고 밟히며
천덕꾸러기로 뽑혀 나가도
절대 포기하지 않는다

단칸방 사글세살이에 아슬아슬
철없는 자식들 다독이며
발치에서 구부리고 주무시던
아버지 닮은 꽃

문밖에 있는 잔

엇갈려 가는
맞은편 열차 안에서
낯선 사내가 커피를 마신다

맥심인지 스타벅스인지
알 수 없지만
창문 쪽으로 고개를 젖히고
갈망의 눈빛으로 잔을 비운다

스쳐 간 커피 향이 남긴 여운
은밀한 거래처럼
검은 유령처럼
서서히 옷자락을 잡아끈다

낯섦과 낯익음 사이
상행선과 하행선의 합치점에서
한 잔의 커피를 마시기 위해
나는 열차 카페에 들어선다

닿을 수 없는 건너편은
늘 나의 문밖이다

악몽

 아홉 시 뉴스에 잔혹한 살인사건을 보고 잠자리에 든 밤이었네.

 살해한 아이를 악기 상자에 넣어 부모에게 배달했다는 범인이 다른 아이 하나를 또 보내왔다네. 다들 모른 척 말이 없는데 나 혼자 용기를 내어 이야기했네. 꼭 그 범인을 잡고 말 거라고.
 그 밤 어둠을 헤치며 혼자 걸어오는 길 검붉은 손 느닷없이 나타나 내 멱살을 잡아끌었네. 감당키 어려운 공포가 엄습해 왔네. 구조를 요청했어도 내 비명을 귀담아듣는 이 아무도 없었네.
 싫어, 싫어 외치며 몸부림쳤지만, 얼굴 없는 그 손 힘껏 내 목을 조르는 거였네. 출렁거리는 굵고 검은 머리카락 주르륵 얼굴을 훑어 내렸네. 엄니, 나 죽기 싫어유. 고함치고 발버둥치다 눈을 뜨니 온몸이 땀에 흠뻑 젖어있었네.

 냉수로 목을 축이고 거실 소파에 앉아 TV를 켜니, 노래하는 어린 가수의 등 너머로 시커먼 숲이 클로즈업되고 있었네. 아이가 비명을 지를 때 눈과 귀를 막고, 창문을 닫아버린 내 모습도 그 숲에 담겨있네.

간을 보이다

그들이 가까이 있다
앞에도 뒤에도 있다

나를 철저히 맛보려는 그들
시어의 이랑과 이랑 사이에서
행적과 사상을 찾아
잘근잘근 씹어보려는 이들 있다

쌉쌀한지 달콤한지
질기거나 부드러운지
맵고 짭짤한지 뼈 없는 맹탕인지

간을 쉽게 내주지 않으려고
무심한 척
냉정한 척
시치밀 딱 떼었어도
나를 읽어내는 송곳 같은 눈빛이 있다

읽히기는 싫으면서
잘 읽히면 부끄러울 줄 알면서
제발 더 많이 더 깊이 읽어 달라고
간을 내보이는
안팎 다른 시인이 있다

그날, 그녀가 사라졌다

그녀의 눈 속에
갈매기가 잠기는 시간
비가 그쳤다
모래톱에 웅크린 햇살은
말줄임표로 이어진 기다림

여객선 출발을 알리는 사이렌 소리에
모두의 눈은
하늘만 보고 있었다

버려진 깃털 같은 무관심 속에서
그녀는 절룩거리며 걸어갔지만
아무에게도 주목받지 못했다

떠오르지 못한 이름
받아들여지지 않은 피부색
다가오는 불안이 남긴 혼돈이
그녀를 파도 깊이 밀어 넣을 때까지

여객선이 속력을 내자
갈매기들이 힘차게 날기 시작했다
사람들은 새우깡을 던졌다

그녀에겐 그토록 인색했던
웃음과 함께

저녁의 입

낮과 밤은 두 개의 왕국 영원한 경쟁자
밤은 공격수 저녁을 앞세워 포위망을 좁혀오지
전투를 시작하기 전 붉은 깃발을 내걸어
공격을 예고하지만
도시는 태평해서 주의를 기울이지도 않지

걸어둔 깃발이 저물어 갈 무렵
야금야금 도시를 삼켜 밤으로 안내하지
이빨도 무기도 없는 저녁의 입은 부드럽지만
지금까지 그 입에서 벗어난 자는 없었지

하늘을 찌르는 철골 콘크리트 빌딩도
반항 한번 못하고 흡수되고 말지
그저 지나갈 뿐인 선량한 점령군처럼
무기력한 상대를 순식간에 바꾸어 놓는
저 치밀한 저녁이라는 공격수

사람들은 그의 입에 빨려들지 않으려
방마다 불을 밝히고 가로등을 켜지만
누구도 그 입에서 벗어나지는 못하지
새들도 꽃도 물고기들까지
밤의 체온에 자신을 맡겨버리게 되지

\>
캄캄한 밤의 뱃속을 통과하고 나서야
우리는 알게 되지
저녁이 없으면 아침이 오지 않는다는 것을

캐리어 속의 침묵

캐리어를 열자
나가사키의 바람 부스러기들이
우르르 밀려 나온다
접혀있던 길들이 벌떡벌떡 일어서
가닥가닥 펼쳐진다

원자폭탄이 투하되고
우라카미천주당* 붉은 벽돌이 와르르 무너진다
침묵의 저편에서 달려오는
엔도 슈사쿠**의 사제들
나가이 다카시***의 종이 일제히 울린다

탐욕의 깃발은 허공에 찢겨나가고
한 줌 재가 된 권력의 언어는
아무도 기억하지 않았다

천 마리의 학이
일제히 날아오를 날을 꿈꾸는
기도 소리 하늘에 닿는다

깜짝 놀라 캐리어를 눌러 닫으며
들어가지 않으려는 생각의 꼬리들

잽싸게 밀어 넣는다

우라카미 성당의 폐허 속에서
온전하게 살아난 종소리는 지금도 맹징한데
기억은 늘,
폐허 위에서 새로운 울음을 배운다

그들은 아직도 반성하지 않았고
우리는 용서하는 법을 배우지 못했다

* 나가사키 원자폭탄 투하 당시 폭심에 있던 성당으로 대축일을 준비하던 신자 약 팔천 명이 희생되었다.
** 遠藤周作, 일본 현대 소설가로 《침묵沈默》의 저자.
*** 원자폭탄 피폭 당시의 경험 수기로 베스트셀러가 된 『나가사키의 종』의 저자. 1951년 43세에 원자병으로 사망.

시간 예술가

처음에 그는 화가였다
맑은 피부 검은 눈동자 꽃잎 입술
미소 짓는 가지런한 치아
찰랑거리는 머리카락
아무도 그의 그림에
토를 달지 못했다

중년의 그는 작곡가였다
따뜻하고 부드러운 멜로디
명쾌하고 흔들림 없는 리듬
차가운 듯 세련된 하모니
오래 들어도 싫증 나지 않는 노래들은
누구에게나 위로가 되었다

노년이 된 그는 시인이었다
없는 것, 보이지 않는 것까지 찾아 나누며
차가운 마음에 연민의 씨앗을 뿌렸다
침울한 고통도 보송보송 햇볕에 씻어
독자들의 감탄을 이끌었다

그는 평생 그리고 노래하고
말하며 살아왔지만

말년의 제 삶은 조율하지 못했다
그때야 알아차렸다
하나의 악기였던 그의 몸
그의 시간을 연주하는 예술가는
따로 있었음을

2부
습작, 작품이 되다

습작, 작품이 되다

평생을 두고 해온 일은
자신을 천천히 구겨버리는 일

도를 넘는 차별은 도르르 말아 품에 넣고
보이지 않는 압력 앞에
얇게 엎드려 부피를 줄였다

가끔은 바른말도 해보고
정의로운 자의 편도 들어줬지만
결과는 늘 강한 자의 뜻대로 정해졌다

그럴 때마다 보일 듯 말 듯
제 몸에 그려 넣은 상처의 습작들
눈가와 입꼬리에 잔물결로 번지다가
이마에 가로줄 죽죽 새기고
사이사이 세로줄 섬세히 그렸다

이제 앞으로 나아갈 일도
돌봐야 할 꽃과 나무도 없는 나이
무심히 고개 든 엘리베이터 거울 속
평생 습작한 작품과 눈이 딱 마주친다

\>
버리려 해도 버려지지 않는
울음 반 웃음 반
우글쭈글 어색한 작품 한 점

진통제

사람을 가리지 않는다
키가 크거나 작거나
덩치가 남산만 하거나 종잇장 같거나
부자나 가난뱅이나
자신을 필요로 하면 주저 없이 출동한다

종교도 도덕도 배운 적 없고
위로라는 말은 입에 올린 적 없지만
누군가 겪는 고통의 성벽을 허물기 위해
거침없이 진격한다

약간의 워밍업은 늘 있어 온 일
짧게는 서너 시간 길게는 스물네 시간
철통 방어막을 세우고 근원을 공격하며
경계 태세를 늦추지 않는다

넘어진 상대는 틈을 엿보다
벌떡 일어설지 모르므로
교대 근무조가 올 때까지 빗장을 지르고
빈틈없이 잘 지켜야 한다

그래도 앓아누울 권리는
오직 주인의 것이다

없어도 있는 것

보이지 않는 세월이
모든 것을 끌고 간다
공평하게

보이지 않는 공기는
숨을 틔우고 살아 있게 한다
아무도 모르게

보이지 않는 바람은
부드럽고 시원하다가
때로는 모든 것을 휩쓸어 간다
말없이

보이지 않는 사랑은
또 다른 사랑을 낳고
다른 이의 목숨을 껴안는다
끊임없이

힘센 것들은 눈에 보이지 않는다

것이다가 만든 창문

저것은 벽의 또 다른 이름
꿈 많고 호기심 많은 아이 하나
닫힌 벽 한쪽에 구멍을 뚫고
몰래 바깥을 내다보았을 것이다

들려오는 소리만으로 너무 답답해서
어른들의 깨알 잔소리 들으며
슬며시 일을 벌였을 것이다

단절된 벽을 허물고 싶은 마음을
다독이며 야금야금 넓혀
창문이란 이름을 붙였을 것이다

그 작은 구멍 하나가
줄기차게 자라서
번듯한 창 하나로 성장했을 것이다

이쪽과 저쪽의 눈과 눈 마주치고
작은 생각들 넘나들다가
어제와 오늘을 이어 붙였을 것이다

\>
너와 내가 손잡을 수 있는
그와 그녀가 오갈 수도 있는
벽보다 큰 창이 되었을 것이다

비밀은 부지런하다

비밀이라는 말
발설의 유혹을 품고
야릇하게 비밀스럽다

너하고 나만 무덤까지
다짐이 많을수록
더 빨리 움직이는 비밀의 날개

새벽 뉴스보다 일찍 일어나
마감을 넘긴 작가처럼
잠들 줄 모른다

하나의 입속에서 솟아난
여섯 개의 혀
순식간에 둘이
열둘이 되고
백마흔넷이 된다

비밀은 허기진 복화술사
시간을 먹을수록
살쪄가는 비밀의 두께

\>
문밖에 귀가 붙어 있는 듯
숨소리마저 조심해도
남은 다 알고
주인만 모르는 아이러니

문을 닫아도 환한
비밀의 벽 앞에서
오늘도 긴장을 풀지 못하는
비밀의 주인

예방주사를 맞다

마음에 담아 두었던
꿈 한 송이
틈만 나면 빠져나가려 꿈틀거렸지

견디다 못해 내보내고 나니
들어오려 기웃기웃
틈새를 살피네

주머니 가득
달빛을 채워 넣어도
움켜쥔 건
손가락 사이 빠져나간 허공

물오른 새벽빛을 밟으며
커트라인조차 없는
착각을 껴안고
또 하루를 버티네

시간은 기어이 가는 법
그리움의 살점에 예방주사 한 대
꾹, 찔러 넣고
묵직이 돌아서는 우울 너머로

하늘 가득 펼쳐지는
붉은 노을 한 다발

블랙 아이스*

아무도 내 이름을 불러준 적 없었어
비가 오면 빗줄기에
눈 내리면 눈발에만 호들갑을 떨었지

나는 오래 누워 기다렸어
어느 새벽
누군가 이름을 불러줄 때가 올 거라고

코도 입도 없지만
나는 시커먼 시선 하나로
몸을 낮춰, 잠복해 있었지
다리 앞, 커브길, 터널 어귀
때론 호수나 바다에도
내 침상이 있지

전성기는 겨울 새벽
단단했던 몸이 슬그머니 열릴 무렵
나는 조용히 살아나곤 하지

상주-영천 고속도로 사고**
일곱이 죽고, 서른둘이 다쳤다지
사람들은 나를 범인이라 불러

처음으로 내 이름을 똑바로 부르지

하지만 나는 그저 거기
누워 있었을 뿐이야
블랙박스를 틀어봐
누가 먼저 달려온 건데?
누가 먼저 나를 밟은 건데?

사람들은 늘
제 실수를 남에게 떠넘기지

* 겨울철 도로 위에 얼음이 얇게 얼어붙은 현상이다. 기온이 갑작스럽게 내려갈 때 한번 녹았던 눈이 다시 얼면서 발생한다. 매연과 먼지가 눈과 함께 엉겨 붙어 검은색을 띠어 '블랙 아이스Black Ice'라 부른다.
** 2019. 12. 14. 04시 40분 경, 경북 군위군 소보면 달산리서 발생한, 고속도로 상하행선 차량 43대 추돌사고.

누가 말에게 먹이를 주었나

말은 잘 자란다
우리 안에 키우는 말도
우리 밖에서 키우는 말도 자란다

찰진 먹이가 말을 기름지게 하듯
독이 든 먹이로 날뛰게도 하는 말
입에서 튄 불꽃이
누군가의 하루를 거침없이 태운다

누가 말에게 상한 먹이를 주었는가
먹이를 주어 키운 것은 바로 나
내가 키운 성난 말이
시퍼렇게 살아
날마다 나에게 돌아오는 것

차에 치여 죽는 사람보다
말에 치여 죽는 사람이
더 많은 세상에
박자를 무시하고 달려가는 말, 말, 말

말에 밟힌 마음들은
소리도 내지 못하고 조용히 묻힌다

무단침입

개도 안 걸린다는 여름 감기, 더위에 지친 내 몸을 순식간에 점령했다. 콧속에 진입해 훌쩍훌쩍 시위를 시작하더니, 막힘없던 목구멍에 콜록콜록 제동장치를 달고, 거들먹거리던 머리까지 지끈지끈으로 동여맸다.

애초에 내가 부르려던 이름 하려던 말들이 보이지 않는 화살표를 따라 죽죽 미끄러지고, 생각의 속살이 자꾸 감춰지는 건, 분명 저 침입자의 요사스러운 잔재주 때문이다.

아파트 앞 내과에 들러, 최신형 반격 무기를 엉덩이에 장착하고, 깐깐한 의사의 잔소리를 주머니에 집어넣었다. 과로하면 안 돼요. 식사 거르지 마세요. 푹 주무시고 약도 잘 챙겨 드세요.

그는 도대체 어디에 숨었다가 접근했는지, 헐렁한 내 레이더로는 근원지를 알 수 없다. 지끈지끈, 어질어질, 캑캑에 맞서, 따끔한 무기의 성능을 믿으며, 잔소리 한 움큼을 목구멍에 털어 넣는다.

오늘의 실외 온도 37°C.
춥다.

감정 노동자

최대로 끌어올린 친절 지수
발밑에 묻어버린 자존심
상대를 극진히 대할수록
자신의 존재는 작아지고
그의 평가표는 더 환해진다

눈앞의 생명체를 상전으로 받들고
두툼한 지갑 앞에 깊게 고개 숙이며
칭찬에 덧칠하고 또 덧칠하는 서비스
감정의 원형을 드러내는 것은
실직과 맞닿아 있는 일이다

고객의 표정이 기쁨으로 바뀌는 순간
그의 노동력이 반짝 빛을 발하지만
퇴근 후 그가 하는 일은
다른 감정 노동자를 찾아가
눌러 담은 스트레스를 던져버리는 일

억지로 구겨 넣은 상실감을
신속하게 폐기 처리할수록
트라우마가 발각되지 않는
업계의 비정상 시행령 1조 1항

그믐을 건너는 달

여러 날의 허기가
등가죽에 달라붙었어요
휘어진 등허리에 매달린
폐휴지 수레가 한숨 같아요
골목길이 자꾸 발목을 휘감아요

어둠을 무서워한 적 없는데
두려워 휘청거려요
눈앞이 깜깜해요
내일이 보이지 않아요

그래도
길 아닌 길 끝에
안으로 불 밝힌 점 하나
환하게 타고 있어 가야만 해요

몇 해 전에 떠난
초승달 같은 아들이
돌아온다는 기별이 왔거든요

그리움을 찍는 골목

인적없는 골목을 붙잡고
날마다 태어나고 사라지는
해쓱한 초로의 여인
겹겹이 시간을 껴입은
오래된 골목의 마지막 지킴이다

유행이 지난 그녀의 폴더 폰이 겨누는
낡은 담벼락엔 아직도 선명한 낙서
사랑한다 사랑한다
또 사랑한다
지금쯤 돌아올 듯한 그 사람의 발소리

재개발의 들뜬 목소리 앞세우고
추억이 떠난 골목에 남아 숨 쉬는
희미한 기억들 휘청거린다

해가 기울고
어둠이 한 사발씩 옷자락에 달라붙어도
이집 저집 기웃거리며
허물어지는 골목의 표정을 찍는 그녀

오늘 밤에는 또 어디서 비를 피할까

처연하게 중얼거리지만
핸드폰 속 한 장의 사진처럼
그녀는 내일도 다시 태어날 것이다

세탁기

모처럼 한 마음이다

엄마 따로 아빠 따로
오빠 누나 따로따로
제각각 저 잘난 맛으로
우쭐대던 가족들

주인의 체온을 벗어 던진 후
한곳에 모여
좌로 빙글 우로 빙글
들쑥날쑥 고갯짓

서로의 가랑이며
팔다리를 껴안고
죽어도 못 떨어진다고
아우성친다

3부
서대전 공원의 저물녘

삼위일체

이 성스러운 말이
전시회에 걸린 그림의 제목

탁자에 올려진 커피 한 잔
피어오르는 뜨거운 향기
한참을 들여다보고 나서야
무릎을 쳤다

커피와 설탕과 크림이
뜨거운 물을 만나 일체가 되었을 때
누구도 거절하지 못할
달콤한 커피가 된다는 것

커피 한 잔에 밀려나 계시는
이 시대의 성부와 성자와 성령
다른 행성으로 떠나실까
덜컥 겁난다

그들은 모른다

꽃과 함께 피어나는 나비의 춤
암술과 수술 사이를 넘나들며 찾아내지
장미 한 송이에 들어있는
커다란 우주

허기진 눈빛으로
반쯤 마른 미소를 건네는 남자
이 호텔 저 호텔을 기웃거리며
마음도 없는 씨앗을 흘려놓지

한 짝 슬리퍼로도
허세를 달고 다니는 여자
절실한 마음 한 자락도
라벨처럼 잘라내 버리지

거울 속 자신을 신이라 여기는 자
그들은 모르지
소박하고 겸손한 점들이 모여
선이 되고 길이 되고
사랑이 된다는 걸

수밀도

제 얼굴은 곱고 부드러워요
당신 마음에 닿으려 공을 드렸어요

하지만 저는 살이 무르답니다
슬픔이 가득 차 있기 때문이지요

당신이 제 몸을 열면
고여 있던 투명한 슬픔이
당신을 적실지도 몰라요

그래도 아직 실망은 마세요
눈물 많은 제 몸속 가장 깊은 곳에
무엇으로도 깨뜨리지 못할
단단한 진실이 숨어 있거든요

오직 당신만을 위하여
정성껏 준비한

적당히

누구에게는 좋은 말
어떤 이에게는 서운한 말
문법에선 알맞은 말이다

맡은 일은 적당히 하면 큰일 나고
자기 몸 관리는 적당히 해야 한다

친척에게 적당히 하면 서운해하고
남에게 적당히 하면 고마워한다

적당히 모른 척할까
적당히 아는 척할까
이렇게 해도 저렇게 해도 상대에겐
넘치거나 부족하다

똑바로 서지 못하고 늘 휘청거리는
정말 적당하지 않은
적당하다는 말의 정체성

말랑말랑한 사월

거미줄처럼 정교한 목소리가 말했다
옆으로 걷는 건 반칙이다

빗물에도 젖지 않을
또 다른 목소리가 말했다
비틀거릴 거면 일어서지도 마라

수줍고 말랑말랑한 사월이 대답했다
봄이 간지럼을 태우면
앞만 보고 걷기 쉽지 않다

무릎 위엔 아직도
어제의 그림자
등을 돌리면
깨어나지 못한 꿈들이 기다린다

햇빛을 안은 유리창처럼
나를 기다리는 순간들
눈부신 투명함으로 손 내밀고 있다
사월에는

난생처음 늙어 본다

무릎이 조용히 항의하고
허리는 짜르르 투덜댄다
허리가 잠잠해지면
어깻죽지가 아우성이다

불쑥 튀어나온 어금니의 금빛 조각이
식탁 위에 톡, 떨어졌을 때
이제는 입맛도 내려놓자고
다짐하다가도
시간을 조금만 넘겨도
밥 줘, 밥 줘.
보채는 저 어르신

왜 그러느냐고 물어보면
난생처음 늙어봐서
이유를 알 수가 없단다

그도 나도 우리 모두
처음 살아보는 이 뒷모습의 계절
오래 살아서라고 말하기엔
왠지 부끄럽고 서러워지는

짝사랑이 길다

저녁노을은
밤의 여신을 만나기 위해
지는 햇살의 온기를 끌어안고
꽃향기를 차려입는다
잔잔한 악세서리에 과감을 덧칠하고
달콤한 목소리를
높은음자리표에 걸어놓는다

날마다 설렘을 안고
달려 나가도
그가 만나는 것은
번번이 새까만 어둠뿐

실망이 그의 손을 잡고
막막한 슬픔이 목을 조여와도
해 질 무렵이면
다시 자신을 매만지는 그
캄캄한 것에도 빛은 있고
귀한 것은 쉽게 얻을 수 없단다

어둠 저편에 맨발로 서서
빛과 빛을 엮어 제단을 쌓고

제 몸을 씻어 무지개로 피어나는 그녀
만날 수 없어 끝도 없는
저 눈물겹고 오래된 짝사랑

운명이란 놈

꼿꼿하다
타협을 모른다
주인의 명령도 무시하고
알아들을 생각조차 없다.

맹물도 차갑게 얼리고
뜨거우면 폭발하며
장례식장의 꽃은
2박 3일을 울어야 하고
결혼식장의 꽃은
몇 시간의 웃음을 피워올려야 한다

제 심장을 갉아 먹으며
죽순처럼 자라는
의심 변심 욕심의 덩어리들
사방에 진지를 구축하고
쉴 새 없는 공격으로 탕, 탕
주인을 나락으로 끌어내린다

\>
한번 잘못 나간 총알은
돌아올 길을 찾지 못하므로
정확히 겨누고 쏘아야 한다

뒤늦게 읽어보는 너의 경고문

생의 모서리에 찔렸을 때

수다로 마음을 덜고
폭식으로 고통을 묻는다
알코올에 몸을 기대다 무너지고
취미에 몰두해 상처를 덧칠한다

작은 것에서 위로받는 이들도 있다
이웃의 따뜻한 말 한마디
길가의 꽃 한 송이
시 한 행, 수필 한 문단에
고통을 눌러 담고
장편소설 한 권으로 하루를 덮기도 한다

점 하나로 달라지는 마음도 있다
'나'와 '너'를
역지사지로 바꾸면
가해자와 피해자가 바뀌기도 한다

세월을 이기는 고통은 없고
아픔도 지나가면 추억이 된다
그 길에서 마침표가
느낌표로 바뀌는 순간이 있다면
그건 축복이다

>
아픔과 절망의 다리를 건너지 않고
오는 기쁨을
아직 본 적 없다

벽과 벽 사이

방 한 칸 없는 사람은
사면이 벽인 안식처를 그리워하고
네 개의 벽에 갇힌 사람은
그 벽에서 벗어나고 싶어 한다

누구에게는 허기보다 더 고픈 벽
다른 이에는 끝없이 아득한 벽
벽과 벽 사이에 서서
별도 달도 숨죽인
한 뼘 무채색 하늘에 주먹질 한다

벽을 가진 자 벽을 잃은 자
서로 다른 벽을 갈망하며
바다 위 풀잎처럼 허둥대는 사람들

벽이 없어서
벽에 갇혀서
쉼 없이 떨리는 어깨로 울부짖지만
아무리 긴 밤도 기어이 밀려가고
벽인 듯 아닌 듯
내일의 문 앞에 새벽이 서 있다

꿈이 사는 곳

꽃은 피기 싫어도 피고
지기 싫어도 진다

갈대는 바람 따라 눕고
다시 일어서며
구름은 모여들다 흩어진다

끝날 것 같지 않던
프레디 머큐리*의 보헤미안 랩소디도
마음과 마음을 돌아
천천히 스러진다

늘 이별의 문턱에 선
우리 모두

모든 꿈에는
첫 페이지만 있고
마지막 페이지는 없다

* 1970년대를 풍미한 영국의 록 그룹 퀸Queen의 리드싱어.

서대전 공원의 저물녘

네거리 빌딩 숲 사이
커다란 왕버들 아래 서 있으면
죽죽 늘어나는 생각들
가지가지 뻗어나가는 추억들

하지 말라고 지청구 들어도
날마다 비둘기 식탁을 차리는 아주머니
그 손등의 검버섯에 다투어 입 맞추는
비둘기 떼의 다급한 조바심

트랙을 돌며 쏘아대는
사람들의 뾰족한 눈총은 못 본 척
그녀는 오늘도 작은 의식을 이어가며
벌겋게 익은 몸짓 내보인다

바람이 불면
인연을 끊지 못한 나뭇잎들
일제히 날아오르고
새소리에 굽은 노을을 비벼 저녁을 먹는
늙은 왕버들의 팔뚝에
불끈불끈 솟아오르는 굵은 힘줄들

빨갛게 물든 하루

딸기주스 한 잔으로
목을 깨운 아침

식빵에 딸기잼 얹어
점만 찍은 점심

햇딸기 한 바구니 선물 받아
마음이 가득 채워진 저녁

잠들기 전 목마름에
딸기술 한 잔이 아른거리네

햇살처럼 빛깔 고운 딸기에
달콤하게 물든 하루

살은 물러도
씨는 단단한 딸기
불임을 앓는
이웃 새댁에게
기도를 담아 건네고 싶다

4부
붉은 울음에 홀리다

서바이벌

세상이 온통 서바이벌 게임에 빠져 있다
미스, 미스터 트롯, 팬덤 싱어, 오징어게임,
불타는 트롯맨, 현역 가왕, 잘생긴 트롯
세상은 누군가를 밀어내기 위하여
또 프로그램을 만든다

숨 돌릴 틈도 없이 이어지는 경연
합격, 탈락, 눈물, 환호
살아남기 위해 모두 달려가는 시간
관객은 버튼을 누르고
선택되지 못한 이는 조용히 퇴장한다

속도에 중독된 세상은
멈춰 선 자를 용서하지 않는다
학교와 직장도 등수와 서열로
사람의 가치를 결정한다

기차를 타고 가다 우연히 본 창밖
전신주 하나가 속도에 뒤질세라
나를 뒤쫓고 있다
산도 보리밭도 그 뒤를 따라 달린다
산속 묘지 흘러가는 구름도

달리기 대열에 합류한다

가만히 앉아 있는 내가 갑자기 불안해졌다
이대로 있어도 되는 걸까
저들은 언젠가 나를 추월하여
밀어내고 말 것이다
나도 모르게 벌떡 일어나
앞 칸으로 또 앞 칸으로 자리를 옮겼다

오늘도
서바이벌게임의 레일 위를 질주한다

속도가 곧 생존인 시대
탈락은 순서일 뿐
또 누군가 사라질 것이다
벌써 조등이 켜지기 시작한다

유월의 벤치

산딸나무 가로수길 벤치에
햇살 홀로 앉아 있다

등산객 허리춤에 매달려온
패랭이꽃잎 하나
그 곁에 붙어 앉아
울음을 꾹 참고 있다

둘 사이를 엿보던 바람
목을 길게 빼고
시계만 들여다본다

차마 그 벤치에 앉을 수 없어
모르는 척 지나치는데
산딸나무 하얀 꽃받침
우르르 떨어져
발등 찍는다

팔방미인

책상 위에 차분히 앉은
컴퓨터가
속 붉은 나를 가르치는 날

모르는 것 못가는 곳
못 하는 것도 없는 그
궁금한 건 뭐든지
내 손에 쥐어준다

사랑이 거기서,
행복도 거기서 나온다고
사람의 마음까지 읽어내는
깊은 알고리즘 안에서
허우적거리는 하루

답은
언제나 거기서 나오고
날 선 칼날처럼 차다
아뿔싸,
내가 넣어 준 것이 독이었던가

폐장 무렵

비닐 막 아래 구부정한 그림자
오일장의 끝자락
할머니의 하루가 길게 누워 있다

좌판에 먹을 것 그득해도
종일의 허기가 신호를 보내온다
점심인 듯 저녁인 잔치국수 한 그릇
허겁지겁 빨아들이는 국숫발 사이
근심 몇 가닥도 함께 욱여넣는다

내일의 생활비
뒤틀린 무릎의 통증
대책 없는 불안도 억지로 삼킨다

빛나던 시절을 지나 하얗게 바랜
누군가의 어머니 또 어머니의
목구멍을 타고 넘는 허름한 식사

서쪽 하늘이 붉게 젖는 폐장 무렵
소리 없이 철수하는
한 생의 그림자

새벽

새벽은 겁이 없다
밤의 어둠 속을 혼자 걸어오는 걸 보면

새벽은 건강하다
삼백예순다섯 날 개근인 걸 보면

새벽은 약속을 잘 지킨다
어제를 건너뛰거나
내일을 밀어내지 않는 걸 보면

새벽은 정이 깊다
그리움을 참지 못해
한달음에 달려오는 것을 보면

아침을 만나는 그 순간
자신이 사라질 줄 뻔히 알면서

붉은 울음에 홀리다

단풍은 빨갛게 운다
노란 단풍도 빨갛게 운다
가을 등산로의 잎들은 자주 흐느낀다

소리를 찾다 길을 잃은 발목이
저벅저벅 저물어 갈 때
발등을 덮고 무릎을 가리다가
머리카락까지 휘감아버린
울음의 불꽃들

선명했던 형형색색의 약속
따뜻한 가슴을 전하지도 못한 채
낙엽 위에 잠들어 있는
주인 잃은 등산복 한 벌

불시에
생의 스위치를 내린 것은
분명 저 붉디붉은 울음소리다

제주 은갈치의 꿈

둥그런 통나무 도마 위에
은갈치 세 마리
일렬횡대로 누워 칼날을 기다린다

햇빛에 반짝이는 제주산 은비늘
쭉 뻗은 몸매 날카로운 입매
바다의 칼이라 불리던 저 갈치도
진짜 칼 앞에서는 속수무책이다

한 번쯤 주연이 되어 오르고 싶던 그 자리
그러나 도마 위에서는 칼이 주연이었다
한 줄기 칼날이 다녀간 뒤
두 토막 여섯 토막으로 나뉘었다

물결을 힘차게 가르던 날렵한 은빛 칼날들
뭍에 올라 허망하게 잘리며 알게되었다
뛰는 놈 위에 나는 놈이 있음을

용서할 수 없는, 그러나…

수요일 아침
시집의 『맛을 보다』*가 부르르 떨었네

묶음 같은 기차 안이
너무 조용해서
읽고 있던 시집 속 낯선 주인공이
글자 밖으로 걸어 나왔네

밤늦은 퇴근길에
살해당한 성실한 그녀
범인은 잡히지 않았고
공소시효는 소멸했지만
해마다 못 가본 장례식장을
마음으로 찾는다는
스승의 아픔이 보였네

짧은 순간의 쾌락을 위해
제자의 생을 망가뜨린 그놈을
절대 용서할 수 없다는 스승의 분노가
행간을 뚫고 나와
나를 쿡, 쿡 찔렀네

>
사건의 현장인 듯한 땅을
차창 밖으로 지나며
나도 그놈을 용서할 수 없다고
주먹을 부르쥐었네

그러나 기차가
목적지에 도착할 무렵
책장은 끝까지 넘어가고
시집은 조심스레 덮어야 했네

내가 자리에서 일어서자
분노도 나를 따라 하차하고 말았네
슬그머니

* 2011년 도서출판 지혜에서 출간한 양애경 시집. 시 「용서할 수 없는」이 실렸다.

케이팝 팬클럽

스밍* 스밍 숨 스밍…
습한 더위가 기승을 부리는 목요일 저녁
다니엘의 팬카페가 그래프에서 뛰고 있다
color on me**
지금 막 세상에 나온 아티스트의 앨범을
듣고 또 듣고 주고 나눈다

쇼케이스가 시작되기 전
상위권 음원 순위를 만들어가는 그들
설레는 가슴과 떨리는 손가락으로
꿈을 당기며
그의 색에 물들어가는 진심이 뜨겁다

스물두 살, 앳된 소년은
거대한 그림자와 맞서고 있다

음원과 영상을 장악한 덩치 큰 손아귀는
헛된 소문으로 진실을 외면하지만
기력을 다해 밀어 올리는 팬덤의 응원으로
그는 오늘 또
새로운 날개를 달았다

\>
몇 개의 음원 차트를 넘고
전곡을 상위에 올리고서야
허리까지 내려온 다크서클로
영상을 보는 회원들

그의 발목을 움켜쥔 거인의 손가락이
어떤 평가를 내릴지 짐작하지만
나직하고 몽환적인 아티스트의 목소리에
뜨겁게 눈시울 적시는
무명無名*** 팬클럽

* 스트리밍Streaming의 줄임말로 음악이나 영상을 실시간으로 전송 및 재생하는 것.

** 2019.7월 발매된 가수 강 다니엘의 첫 번째 미니앨범. 발매 첫 주에 약 46만 장의 판매량을 기록.

*** 당시 여러 사정상 팬클럽 이름도 짓지 못해서 서로 무명無名이라고 불렀다. 현재는 'DANITY'

풍경을 끌어당기는 기차

기차는
쉬지 않고 풍경을 밀고 당긴다
여러 번 보았지만 외면하고 싶은
눈물에 젖은 집과 거리
피곤이 엎드려 잠든 공장
기도가 없는 교회
사랑이 머물다 떠난 아파트의 빈방들을
인심 쓰듯 보여준다

어쩌다 지붕 낮은 처마의 웃음소리에
멈칫 마음이 밝아질 때면
재빨리 그 웃음에 방음벽을 세운다
이불 홑청을 빨아 널고 싶은
맑은 개울이 보일 때도
스캔도 하기 전 멀리 달아나는 풍경들

종착역까지 남은 거리는 따끈한 비밀
내 것인 듯 내 것이 아닌
당신이 예약한 기차표
지나오는 여정이 웃음이던 눈물이었던
오가는 풍경에 번번이
마음을 빼앗겼다 되찾아오곤 했다

>
어떤 풍경에 더 머물지
노선을 바꿀지 말지 결정도 내리기 전
네 탓이다
네 탓이다
목걸이 걸듯 주문 먼저 걸었다
결정권자는
늘 자신이었음에도

찍다

수많은 얼굴 중 너를 찍고
핸폰 번호를 찍고
웃는 얼굴, 걷는 모습
사진도 찍었다

찍고 또 찍어도
찍히지 않던 네 마음
금도끼로 찍고
은도끼로 찍고
무쇠 도끼로도 찍었다.

열 번 찍어
안 넘어오는 나무 없다기에
스무 번, 서른 번
찍고 또 찍었다

그런데 그 마지막에 그만
내 발등을 찍어 버렸네

불러도 갈 수 없는 내가 된 후
이제야 알겠다
찍지 말고
그냥 바라만 볼걸

지지 못한 백일홍

꽃이지만 너무 오래 피어
염치없는
꽃 아닌 꽃이 있다

권불십년權不十年에 불법 차출된
화무십일홍花無十日紅
자세히 들여다보면
열흘 안에 지지 않으면 꽃이 아니라는 말

놋그릇은 오래 쓸수록 좋고
우정도 오래갈수록 좋다
사랑은 검은 머리가 파뿌리가 되도록
길어야 좋다면서
붉은 꽃의 수명은 왜 열흘로 못 박았을까

지고 싶어도
거스를 수 없는 호흡
점점이 찍힌 검버섯마다
휘청거리는 빛바랜 추억들

요양병원 창문 안으로
줄줄이 누워있는
저 희미한 백일홍 물결

산에서 산을 읽다

빗소리 바람소리 작은 몸짓까지 알아듣는
큰 귀를 가졌다
온 세상을 껴안는 넓은 가슴도 있어
천둥번개도 다독여 보듬을 줄 안다

계절 따라 새 옷 갈아입고
찾아오는 이를 차별하지 않는다

태어난 그 자리에 박혀 있어도
한 번도 남의 땅을 탐내거나
저보다 높은 산을 부러워한 적 없다

추위와 더위가 기승을 부려도
세찬 비가 오고 가뭄이 들어도
불평 한마디 없이
풀과 나무를 돌보며
제 품에 안기는 짐승을 키운다

사람들이 제 심장을 꿰뚫어 굴을 파고
뱀처럼 몸을 휘돌며 길을 내어도
아픔을 혼자 삭이며
자신을 끌어안고 달랠 줄 안다

>
구불구불 계곡을 따라 흘러내리는
그가 부르는 노래에는 절망이 없다

하늘을 읽고 구름을 삼켜
읽어주는 이 없는 시를 지으며
오늘도 제 발등에 작은 풀꽃을 심는
산, 그리고 또 다른 산

5부
서쪽으로 떠나는 배

철물점 아래*

철물점 아래 지하 카페에는
눈이 부리부리한 잘생긴 사장이
기타를 치며 노래 불렀지

손님이 드문 시간이나
두세 테이블에 앉아 있거나
단체 손님이 오는 날에도
다정하게 웃으며 노래 불렀지
왜 가수나 배우가 되지 않았느냐는
손님들 물음에 그냥 웃기만 했지

고객의 희망곡이
맥주 거품처럼 부풀어 오르고
우리 선수가 승리하는 운동경기엔
모든 테이블이 일어나 떼창을 하기도 했지
그런 날 사장의 얼굴엔 홍조가 돌고
감미로운 목소리 더 부드럽게 들렸지

그 무렵 작은 스테이지는
TV 화면이 되었다가
출연자의 익숙한 배경이 되기도 했지
흘러간 명화 속 여주인공이

젖은 손수건을 흔들고
비틀스와 엘비스 프레슬리가
기타와 춤으로 흥을 돋우기도 했지

달랑 소주 한 병을 앞에 놓고
너덧 시간 고민을 털어놓던
눈자위 붉은 아저씨

부자인 척 명사인 척 잘난 척
척만 쌓고 척으로 비틀거리는 취객들도
멋쟁이 사장의 미소 앞에서는
부끄럼 많은 사춘기 소년으로 돌아갔었지

어느 별빛 푸른 밤 철물점 아래가
문을 열지 않았네
다음날도 그다음 날도 열리지 않았네

떠도는 소문에는
신작 영화 주인공으로 캐스팅돼
서울의 큰 영화사로 갔다는 말도 있었지만
기다려도 영화는 개봉되지 않았네

﹥
미스코리아보다 더 예쁜 아내와
천사처럼 고운 딸이 하도 졸라서
경기도로 올라갔다는 소식이 지나간 후
더 이상의 소식은 들려오지 않았네

지금도 가로등이 눈을 뜨는 저녁이 오면
그 카페의 조명이 다시 켜지고
미남 사장의 커다란 눈망울과
기타 선율을 타고 흐르는 따뜻한 목소리가
어여쁜 전설처럼 피어오르지
둔산동 철물점 아래
철물점 아래, 그 카페

* 대전광역시 둔산동, 철물점 지하에 있는 카페 이름.

기다림의 결

발 벗은 햇살
차진 강물을 건너오듯
당신이 오시면 좋겠습니다

가을밤
휘어져 흐르는 별빛에
망설이며 적어본
서툰 편지처럼
당신이 오시면 좋겠습니다

구절초 꽃잎에
풀벌레 울음 고이듯
가만가만
당신이 오시면 좋겠습니다

당신이 오시는 그날이면
저는
물안개로 몸 가린 비단 강물 되어
숨죽인 채 흐르겠습니다
다시는 기다리지 않겠습니다

서쪽으로 떠나는 배

서쪽으로 가는 배는 날마다 출항한다
시시각각 출발하는 사람은 많지만
승선권을 준비한 승객은 거의 없다
어디로 향하는지 무엇을 만나러 가는지
미리 탐색할 이유도 방법도 없다

누구는 원망과 설움을 앞세우고
누구는 미련을 껴안고
또 다른 이는 남겨진 인연에 울먹이며
느릿느릿 배에 오른다
이래도 저래도 뱃고동은
귀를 뚫지 않고도 깊이 울린다

전해오는 말에 따르면
검은 옷의 안내자가 항로를 열고
빛이 쏟아지는 곳에 이르러
왕관 쓴 어른의 면접이 있다고 한다
하지만 그 결말을 아는 이는 아무도 없다

이번 여름에도 그 배에 오른 몇 사람을
정성스레 배웅했건만
잘 도착했는지

어떻게 지내는지
그 쉬운 메시지 한 통 오지 않았다

비밀을 싣고 물음표에 매여
승선을 거부하거나
출항 시간을 선택하지 못하는
저 하얀 배는 오늘도 서쪽으로 간다

노란 봄날의 기도

들판의 애기똥풀꽃
줄기 하나 툭, 꺾고 싶다
꺾어서 그 냄새 맡고 싶다
하얀 기저귀에 묻어나던
노랗고 향긋한 그리운 냄새

손 타지 않은 추억이
날개도 바퀴도 없이
와락 달려오는 이 시간

항암 주사 부작용으로 눈만 퀭한
사랑하는 둘째의 앙상한 손
꼭 잡고 울고 싶다

눈으로만 바라보던
하느님, 하느님
살려주세요
살려주세요
다하지 못한 일 많은
나약한 영혼입니다

>
울며불며 매달리는
봄 속의 한 겨울
애기똥풀꽃만 말없이 피었다

딸기를 깎다가

난생처음
딸기를 깎다가 울컥,
과도를 떨어뜨린다

놀랍고 놀라워라
하얀 살 가득 빼곡히 새겨진
작디작은 큰 상처

심장에서 뻗은
길의 촉수가 가리키는 곳
새까만 씨앗 촘촘히 맺혀있다

무른 살 다독여 길을 내고
길 끝에 무기와 후손을 장착한
저 딸기의 모성애

대학병원 암 병동의 25시
구부정한 어깨 아득바득 세우고
단 한 곳으로만 촉수를 뻗는
어머니, 어머니들
병상의 그림자 아래 웅크린
환자보다 더 아픈

새까만 발소리

어둠을 가르는 발걸음 소리
점점 크게 들린다
그가 들었던 소리를
왜 나는 이제서야 듣는가
그 조용한 신호들을 놓친 것은 아닐까

젊은 청년의 어깨에
찰랑찰랑 따라가는 긴 머리
좋은 임과 동행하는 어여쁜 그녀도
그 소리를 향해 걸어간다

몇 달 전 내 곁은 떠난 젊은 그는
덜컥, 제 목숨줄을 낚아챈
저 소리를 들었을까
아무도 알아듣지 못했던
검은 발소리
오늘은 잘도 들린다

해는 날마다 뜨고 기울지만
내일의 태양을 보는 것은
쉬운 듯 지극히 어려운 일
누구도 스스로 선택할 수 없는
그 아침

숨결 머무는 자리

가을 햇살이 말을 걸었다
이제 피어날 때가 되었다고
가을꽃은 약속이라도 한 듯 피어났지만
너는 다시 피어나지 못했다

숨죽인 통곡 속에서
우리는 수없이 돌아섰고
수없이 돌아보았다
그렇게 너는 너의 길로 떠나갔다

아직도 그 자리에 멈춰 있는
그날의 바람
너와 나눴던 마지막 숨결이
허공에 머물고 있다

문 뒤에 걸려 있는
네가 입었던 가을옷
그 냄새 속에서도 너를 찾는다

피어오르다 멈춘 계절처럼
그 자리를 맴도는 너의 흔적들
반듯한 모습

따뜻한 목소리
너에게 물들었던 그 모든 계절이
나를 하얗게 물들이고 있다

사랑한다
사랑한다
축축하게 젖은 이 한마디
오늘도 먼 하늘로 띄워 보낸다

천국으로 떠난
우리 둘째 프란치스코에게

꼭 그럴 것 같다

문을 열면 문밖 어둠 속
사나운 비바람에 젖어
숨죽여 올 것 같다

에베레스트 눈사태 속
아마존의 흙탕물 그 어디쯤
허우적이며, 절룩이며
가늠할 수 없는 기세로
찾아올 것 같다

내일로도 채우지 못할 그리움으로
아직과 설마를 넘나들며
굽은 어깨 기운 발걸음
떨리는 손끝으로
기어이 문을 두드릴 것 같다

하얗게 바랜 기다림으로
일어섬을 잊어버린 나를 찾아서
눈물이 되어 올 것 같다
너는

지우지 못한 전화번호

봄 햇살
자분자분 드리운 숲속 오솔길
함께 앉았던 벤치는 여전한데
산 까치 두 마리
원스텝 투스텝 부리를 맞댄다

그대 깊은 강 건너신 후
오래도록 온기 남아
지우지 못한 전화번호
떨리는 숨결로 눌러본다

발신음에 놀랐는가
온 산
초록 비밀 울컥 토해내는데
하늘까지 오르지 못한 발신음
은행나무 그림자 아래
우수수 떨어진다

초록 속에 숨었던 꽃물
다시 잠그고 돌아서는
오월 한낮
까치 한 쌍 더없이 정겹다

흰 국화 피는 바다

이천십년 삼월*
목련이 칙칙한 수의
뒤집어쓰고 투신하는
삼월이었다

백령도 바닷속에 마흔여섯 송이
흰 국화가 핀 삼월이었다

포클레인이 푹 떠서
덤프트럭에 실은 양지꽃이
흰나비를 꼬드기는 삼월이었다

오늘 또
진눈깨비가 내릴 거라고
기상청은 말했다

---

* 2010년 3월 26일 21시 22분경, 백령도 인근 해상에서 해군 제2함대 소속의 초계함 천안함이 북한 잠수정의 어뢰 공격으로 침몰하였다. 승조원 104명 중 46명이 전사하고 58명이 구조됨.

부부夫婦

늘 나란히 서 있어도
명령처럼 단호하고
애원처럼 비굴하다

날마다 희미하게 멀어졌다
간격 없이 짧아지는
자석 같은 거리

내가 겪을 땐 버거웠고
남이 탓하면 불쑥 화가 나
미워하며 지나온 어제
애틋함으로 되살아 난 오늘

시간은 흘러가는 것이 아니고
쌓여가는 것임을
확인하게 하는 두 글자

저물어 가는 소리의 끝점에
가장 낯익은 타인처럼
마주 보고 걷는
夫, 그리고 婦

기억의 방

시간의 문 열고 들여다보면
거기 서성거리는
단발머리 계집애 하나 보여요

그 문 깊숙이 발을 들이밀면
뜰 안쪽에 고여 흐느끼는
시간 너머의 기침 소리 들려와요

당신의 모습은 스물아홉에 멈췄고
어디에도 내 머리를 빗겨줄
다정한 손은 보이지 않았어요

눈물이 많아 어미가 일찍 떠났다는
동네 아주머니의 말
날카로운 가시 되어
날마다 일곱 살을 찌르고 또 찔렀어요

이른 봄 양지쪽에 앉아 홀로 울던
흐린 기억을 지우고 싶어요
어머니, 젊디젊은 우리 어머니
이젠 낡고 창백한 그 문을 닫아주세요

\>
오래된 기억의 방에서 나와
내일의 문고리를 잡고 싶어요

추억이 사는 집

바람 혼자 드나드는
나이 든 골목에
시린 뼈가 걸어간다

기다림이 사라진
불 꺼진 창을 향해
의무처럼 나아간다
약속처럼 찾아간다

뿌리치고 돌아서도 귓전에 머무는
요양병원 아내의 기도
집에 가고 싶어
나도 데려가

송곳 같은 그 말에
베이고 찔리며
굽은 허리가 걸어간다
비틀비틀 기어간다

꽃 같은 아내가
환하게 웃어주던
추억이 사는 집을 향하여

6부
흔들리는 들꽃

눈동자의 적수

실눈으로 겨우 들어간 안과 대기실
나보다 먼저 울고 있는 눈들이 있었다

둥글고 작은 동그라미 안에
가득가득 담아도 넘친 적 없고
무엇을 담든 거절하지 않았다

백두산 한라산 태평양과 대서양
높고 낮은 땅
곱고 그리운 사람들
십 년, 오십 년
거침없이 담고 또 담았다

아무리 담아도 좁지 않았고
평생을 담아도 여유롭기만 하던
크고 넓은 저장고에
임시휴업 몇 번

바람에 실려 온 티끌 한 점에
비명도 지르기 전 흘러넘치던 눈물
늘 작은 것에서 시작되던
당연한 것들의 위기

길지 않아서 다행이었다

아무 일 없던 것처럼
티끌 털어내고
다시 영업 중이다

밥

일 년 삼백육십오 일
하루도 빠짐없이 먹는 밥
쌀밥, 잡곡밥, 김밥, 주먹밥
한 생을 밀고 가는 여러 가지 밥
때론 감자, 고구마, 채소도 밥이었다

동행과 걸음을 맞추려
속이 쓰려도 먹는 밥
어둠 속에 웅크리고 먹는 콩밥도 있다

누군가는 진수성찬으로
어떤 이는 눈물에 말아 먹는다
더러는 죽지 못해 씹기도 하는 밥

어떤 밥이 완성되기까지
평생이 걸리기도 하고
밥솥에 전기 꽂기보다 짧기도 하다

지겹다, 지겹다 하면서도
너에게 꼼짝 못 하는
나도 밥이다

목을 비틀다

거나한 저녁 회식 후
아파트 둘레길을 총상 입은 정복자로
절룩절룩 걷는다

투박하게 늘어진 두 팔
검자주색 손톱 끝
하얀 반달 아래
남의 살점을 게걸스레 씹어 삼켰다

금지된 노래방에서
몇 다발의 입김을 서로 나누다
집으로 돌아가는 길

건네받은 생의 목을 주저 없이 비틀어
내장을 마시고 입맛을 다셨다
한 생이 거기서 끝난 것을
아쉬워할 이유는 없었다

어느 가정의 가장이었을
누군가의 집이었을
박카스 빈 병 하나
툭, 떨어져
산산조각 났을 뿐이다

변곡점의 내리막에서

마음만 청춘인 수필가 넷
미로처럼 어둑한 식당에서
왁자지껄 쓸쓸한 송년회 마치고 돌아가는 길
겨울바람에 등을 묻은 채 걷다가
스카이로드* 쪽으로 걸음을 돌렸습니다

눈부신 조명 아래 젊음이 흐르는 거리
우리는 서로를 카메라에 남기고
젊은이들은
고개를 꺾어 하늘을 담았습니다

올려보니 길을 관통한 조형물 천장에
우리들의 나이가 찍히고 있었어요
고정된 각도에 익숙한 우리는
하늘의 시선을 알아채지 못했습니다

우리를 길잡이 삼던 젊은이들이
앞질러 간 지 오래라는 걸
변곡점의 내리막을 마주하며 알았습니다.

\>
내려가는 길에도 끝이 있다는 걸
주머니는 가볍게 열고
입은 조용히 닫아야 한다는 것도

* 대전 으능정이에 길이 214m, 너비 13.3m, 높이 20m 규모의 초대형 LED 영상아케이드 구조물이 설치된 거리.

화살나무

가을이 오면
본 적도 없는 과녁에 민망해하며
누구보다 먼저 붉게 물든 옷자락
정체 모를 속죄를 서두른다

화살의 꼬리날개를 닮은
독특한 몸매는
물려받은 유전자일 뿐
그의 잘못이 아니다

한 번도 쏘아보지 못한 화살을 품고
행여 불법무기 단속에 걸릴라
가지 끝에 매달린 긴장의 그림자
얼굴 위로 번지는 붉은 근심

사려 깊은 가을이 재빠르게 알아채고
주변 나뭇잎들 붉게 물들여
물려받은 원죄를 어루만진다

만남의 묘약

그 처음의 아주 작은 점 하나
둘이 만나 선이 되고
넷이 만나 하나의 면이 되었다
그 면들 겹쳐 공간이 되고
마음을 엮는 의미가 되었다

그대와 나 사이
우연히 찍힌 점 하나
서로의 손잡이가 되는
순간이었다

언제나 새로 시작되고
연습할 틈도 없는 인생을
손잡고 건너게 해준 메신저였다

삶은 결코 뜻대로 흐르지 않지만
진심과 진심이 하나로 엮이면
세상에 못 건널 강은 하나도 없다
비록 거칠고 완전하지 못할지라도

양귀비의 하사품

무더위 속 구름 낀 양지공원
잔디 깎기가 한창이다
제초기가 눈앞까지 밀고 들어오자
우쭐대던 잔디와 고개 숙인 잡풀들
후루룩 튀어 올라 소란하게 흩어진다

그 소란의 틈바구니에
동그란 눈 부릅뜨고 당당히 버티는
개양귀비 한 송이

비록 이름 앞에 '개'가 붙었어도
그녀는 당나라 황실의 귀비
스스로 대들보에 목을 맬지언정
적의 칼날 앞에 머리 숙이지 않는다

슬픔은 아무도 모르게 지나갔다
제초기는 절세미인에 관심 없었고
저승의 당명황*은
이승의 제초기를 멈출 권한이 없었다

\>
차별 없는 칼날에 생이 잘리는 그 순간
천하일색 양귀비의 높은 자존심
상큼한 꽃향기 한 방울
적에게 우아하게 하사하였다

* 唐明皇, 당나라 6대 현종玄宗의 다른 이름. 황제 중 최장 기간인 43년 재위

경고문을 붙이다

오타는 숨바꼭질 챔피언
말의 틈에 되도록 잘 보이게 숨어
침묵보다 더 깊은 함정을 만든다

오류가 아닌 게 어디냐는 듯
눈에 띌 듯 말 듯 자리 잡아
제 이름 하나는 끝내 지킨다

앞만 보고 달려가는
단어와 문장 속에 터를 잡는 일
조상 대대로 내려온 습성일 뿐
새로운 계획은 세우지 않는다

가끔은 오류 주제에
오타인 척 얼굴 바꾸고
은근슬쩍 뭉개기도 하지만
모르는 척 눈 감아 준 적도 있다

그래도 반성을 모르는 너희를 위해
오늘은 제목 아래
경고문 하나 크게 붙인다

'퇴고 전 자수 하면 100% 감형'

뼈만 남은 해탈

만찬은 화려했다
때 빼고 광내고 나체로 누워
얇게 저민 삭신에 향수 뿌리고
푸른 수의에 싸인 채
숨결만 퍼덕인다

임종의 위로가 술잔에 넘친다
네 탓, 네 탓
너희 탓에 불을 마시고
원망과 한탄이 밤을 찌른다

듣다 못 한 광어
벌떡 일어나
매운탕에 뛰어들며
너희가 먹은 건 나지만
죄를 삼킨 건 너희들이야

문밖으로 내달리는
마지막 한마디
자유와 해탈 뼈만 남았다

먼지가 바람에게

당신 없이 살 수 없어요
당신이 움직이지 않아 가라앉으면
저는 그냥 흙입니다

당신이 깨어나면 저도 살아납니다
창가 구석의 오래 쌓인 침묵도
책장 사이 눌린 기억도 날개가 달립니다

바람과 햇빛에서 살아가는 나
사람들은 제가 머무는 공간을
허공이라 부릅니다

그곳은
우리가 살아가는 소박한 무대
당신이 머무는 동안
제 이름도 남아 있습니다

부탁이에요
영원한 내 이름을 위해
당신이 꼭 필요합니다
부디
저와 결혼해주세요

\>
- 덧붙임
먼지 같은 여자
바람 같은 남자도 귀한
인구 감소로 없어질 나라 1순위
대한민국의 가을하늘은 아직 푸르다

마트료시카 Матрёшка*

내 안에
또 다른 내가 웅크리고 있어요
목소리를 숨긴 채
가만히 고개를 기울이면
조금 작은 내가
그 안에서 살며시 눈을 떠요

나는 매번
그 아이의 옷을 벗기며
조금 더 나이 들고
조금 더 차분해져요

한때는
가장 바깥을 꿈꿨지만
더러는
숨겨진 속살을
조심스레 엿보고 있어요

몸속에 다른 자신을 품고
또 다른 자신을 품고 혼자인 척
여기저기 돌아다녔죠
더 많은 자신을 품을 때마다

주가를 쑥쑥 올리면서요

그래요 내 안에는
서로 모르는 내가 살고 있어요
어린 나와 성숙한 나
겁 많은 나와 단단한 내가
하나의 얼굴로 겹쳐 있죠
누가 나를 두드리느냐에 따라
딱 맞는 나를 보여주곤 하지요

그래도 가장 안쪽의 나는
다정했으면 좋겠어요
슬픔과 기쁨이 묻어 있는
그 아이를 꺼낼 수 있다면
나는 지금보다 더
정직하게 늙을 수 있을 것 같아요

하지만
서두르던 나날 속
생각보다 먼저 찾아온 여정 앞에서
그만 껍질을 덮어버렸죠

\>
스스로 깨뜨려야 할
잉태의 계절이
나도 모르게 지나가 버렸답니다

* 나무로 만든 러시아 인형. 러시아어로 어머니라는 뜻의 '마티'에서 나왔다. 통통한 인형 안에 작은 인형이 겹겹이 순차적으로 담겨있다. 처음엔 다산多産과 풍요를 기원하는 목적으로 여성의 모습이었으나 현재는 유명인의 모습도 많다.

0.1초

1분을 600으로 나누니 짧다
1시간이 36,000으로 쪼개지니 하찮다지만
길고 긴 시간의 모세혈관이다

뒤차가 앞차를 들이받는 0.1초,
상처 입은 자와 입힌 자의 후유증이 깊다

은메달이 금메달로 바뀌는 0.1초는
명예와 연금이 달라진다

망나니의 칼날 0.1초에 떨어진
절두산 순교자의 목숨은
성지에 길이 남아 빛나는 횃불로 탄다

남을 손가락질하기 딱 알맞은 0.1초
자신을 돌아보기엔 어림없는 시간이다

그가 그녀에게 반한 0.1초는
그들 삶의 방향을 돌려놓았다

어제와 오늘과 내일을 관통하는
작고 겸손한 0.1초

어성전 옥수수

삼복염천, 열흘 넘게 33도
딩동딩동,
어성전 문우 내외의 땀방울이
택배 상자에 담겨 왔다

단정한 옷차림에 수염 기른 옥수수
불볕에 터질 듯 탱탱한 감자
재빨리 에어컨 켜고 다독이며
빽빽한 불만을 바람에 날려 보냈다

겹겹이 껴입은 옷자락 하나하나 벗기다
화들짝 움츠리는 매끈한 속살에
마지막 속옷 차마 벗기지 못하고
냉탕 온탕 번갈아 샤워 시켜
달콤 짭짤 삶았다

올림픽 펜싱 응원하던 남편
따끈따끈 벗은 몸에 입술을 가져가며
장하다 금메달! 소리
불끈 힘이 실린다

어성전 금강송 향기 아래위층 스미고

들미골 물소리 시원하게 흐르는
칠월 스무여드레
용머리 아파트의 후끈한
그림 한 점

흔들리는 들꽃

하느님
당신 마음에 들지 않더라도
이 기도를 허락하소서

빛을 지으실 제
어둠도 함께 지으신 하느님
그 어둠 속에 누군가 있어야 한다는 걸
당신은 모르셨습니까

곧은 길만 옳다 말하지 마십시오
굽은 길도 길입니다
길모퉁이 저 너머에 무엇이 있는지
가보고 싶고
머물고 싶은 것이 잘못일까요

남의 것을 탐내지 말라 하셨지요
그러나 어느 순간에는
가질 수 없는 남의 열매가
가슴을 출렁이게 합니다
그것을 손에 넣었을 때의 풍요로움과
화려한 아픔을 당신은 모르십니다

〉
스승을 배반한 유다를 가여워합니다
그의 배반이 아니었다면
당신의 구원도 이뤄지지 못했을 것입니다
스승의 기적에 익숙한 눈은 죽음을 믿지 않았겠지요

그가 당황하여 회개의 기회를 놓친 것을 용서하소서
자신의 길에서 제 역할을 다함으로써
아드님의 이름이 영원해졌음도 기억해 주소서

하느님
이 하늘 아래 죄인 아닌 이가 어디 있겠습니까
제 허물이 넘치고 넘칠지라도
오늘도 당신의 십자가를 믿고
제 마음과 생을 당신께 바치오니 받아주소서

사랑하는 나의 하느님
사랑하는 나의 하느님

해설

몸이 있어 존재하고 소멸하는 생명들에 대한 헌사

김명원 시인, 대전대 교수

몸이 있어 존재하고 소멸하는
생명들에 대한 헌사

김명원 시인, 대전대 교수

몸을 이성의 종속물로 비하했던 시각은 탈근대화의 담론에서 경계가 사라지거나 혹은 몸을 정신과의 일체 구조로 보거나 우위에 둠으로써 활발한 문학적 비평의 대상이 되었다.[1] 이는 1980년대 현상학과 후기구조주의의 영향을 받은 철학이론과 사회이론에서 배태되었으며, 서구 사상을 오랫동안 지배해 온 '정신/신체'의 이분법을 거부하는 데서 출발하여 궁극적으로 영혼 중심의 주체성 개념에 신체성을 개입시켜 이원론적 사고를 해체 시키려는 노력이었다. 몸, 혹은 신체 담론이 인문 사회과학에서 논의되는 데 결정적인 역할을 한 메를로 퐁티를 주목해야 한다.

메를로 퐁티는 모든 외부적 지각은 즉각적으로 신체에

---

1) 정정호, 『팽팽한 밧줄 위에서 느린 춤을』, 동인, 2000, 참조.

대한 지각과 동일한 것이며 신체 이미지 이론은 암묵적으로 지각이론이라고 주장한다. 우리가 신체를 통해 세계에 존재하는 한, 그리고 우리가 신체로 세계를 지각하는 한, 우리에게 보이는 세계에 대한 경험을 다시 각성시킬 필요가 있다는 것이다. 신체와 세계와의 접촉을 재시도함으로써 자신을 재발견할 것이고, 우리는 우리 신체로 지각하므로 신체는 자연스러운 자아이며, 다시 말해 지각의 주체가 되기 때문이라고 설명하고 있다.[2] 즉 우리의 감각은 몸과 동떨어져서 기능할 수 없음을 강조한다.

이처럼 이성에게 억압되어 왔던 몸은 서구 근대성에 잘못된 길을 입안하였으나, 그 후 현상학과 후기구조주의 철학자들에 의해 근본적으로 통합을 이루게 되었다. 몸에 대한 담론은 정신과 신체를 동시에 수렴하는 것으로, 이원론에 입각하여 세계를 해석함으로써 생겨난 근대의 논리중심주의, 인간중심주의 등을 비판하고, 이러한 타자를 배척한 많은 중심주의들에 의해 피억압기제로 있었던 것들을 귀환시켜 존재성을 정립하게 되었다. 몸은 분열이 아닌 통합의 가치를 지향하기 때문에 몸의 정치가 상호 관계에 미치는 내재성 내지 전체성을 정립하려는 운동에 있어서 중심 담론을 형성하게 된 것이다.

이는 당연히 남성중심주의에 억압되어 있던 여성의 몸에 대한 발견과 해방이라는 정치 철학으로 부상되면서 신체를 강조하는 페미니즘 운동으로 연결되어 활성화하기 시작하였다. 이 운동을 주도한 이리가라이는 '전신적

---

[2] Merleau-Ponty, Maurice, Phenomenology of Perception. Trans. Colin Smith. London; Routledge, 1962. 참조

기쁨jouissance'이라는 단어를 중시하며, 전신적 기쁨이야말로 신체 페미니즘의 미르바나 원리인데, 이것은 여성적인 삶이 자연의 순환적인 리듬과 공명하고 일치하게 됨을 의미한다고 말한다. 여성과 자연은 동일한 육체의 달력을 갖고 있다는 점에서 본질적으로 생태철학을 구현하게 된 신체 페미니즘의 이리가라이는 여성적 글쓰기를 주장한다. 그녀는 차이diffrerence의 개념과 감촉tactility의 감각이 서로 얽히고 보완하는 역동적인 글쓰기를 피력하며 여성에게 주어진 몸과 창작에 주목하고 찬양한다.

권예자 시인은 이번 시집을 통해 신체 페미니즘을 구현하여 정신과의 관계에서 밀려 난 신체에 대한 심오한 성찰과 함께 자연과 여성의 몸에 대한 상관성을 긴밀하게 드러내고 있다. 외부적으로 감지되는 지각은 즉각적으로 신체에 대한 지각과 동일한 것이며, 또한 몸에 대한 물성이 얼마나 존귀한 것인지를 죽음이라는 삶의 종말을 통해 철학적인 사유에 가닿는 시들부터 살펴보기로 한다.

> 그녀는 생각하지 않았다
> 요리에 대해
> 노래에 대해
> 찾아야 할 어떤 것에 대해
> 새로움은 늘 생각의 바깥이었다
>
> 정해진 틀 속, 하나의 톱니바퀴처럼

주변의 변화에 맞춰 자연스레 돌고 돌았다
어떤 불편함도 느끼지 않았다
더러 칭찬도 받으며,
속으로 흐느낀 저녁들
그날들엔 이유 모를 눈물도 있었다

코다리 냉면은 누가 만들었나
코다리는 누가 잡았나
식당의 손님들은 어디서 왔을까
생각해 보지 않았다
생각할 필요가 없었다

갑자기 코다리가 궁금해지는 시간
무슨 인연으로 이 코다리는
그녀 안에 제 찢어진 시신을 부리는지
그녀는 왜 그의 묘지가 되어야 하는지
일면식도 없던 코다리와 그녀 사이에
왜 왜 왜? 가 생겼다

아무렇지 않던 일들에
불쑥 제동이 걸리는 저녁
말린 코다리보다
그녀가 더 말라 있진 않을까
왜? 왜? 에 하얀 시트가 스르륵 덮인다
죽은 건 코다리
그녀는 아직 숨 쉬고 있지만
ㅡ「코다리가 궁금한 시간」 전문

현대인들이 자행하고 있는 삶은 반복되는 익숙함 속에 함몰되어 세세한 삶의 본질을 생각하거나 근원적인 질문을 잊는 양상인지도 모른다. 톱니바퀴처럼 주변의 변화에 맞춰 자연스레 돌고 돌았던 화자의 삶은 산업화라는 기계적인 구조 속에서 개인의 자동화된 무력함을 그대로 직시한다. 더구나 어떤 불편함도 느끼지 않았다는 고백은 수동적으로 살아온 일상으로 인한 자각의 부재를 강조하고 있다.

　그렇기에 시「코다리가 궁금한 시간」은 바로 이 반복의 일상에서, 무심히 지나치던 코다리 냉면을 통해 내면 깊숙이 잠재된 몸을 가진 생물과 그 생물을 먹는 인간 사이의 관계를 드러낸다. 오랜 기간 습관적으로 생각을 하지 않고 살아오다가 코다리 냉면을 두고 '코다리의 몸'과 '그녀의 몸' 사이에 생성된 '왜?'라는 질문에 의해 태홀怠忽의 균열을 경험하게 되고, 그 순간을 포착해 내고 있는 것이다.

　시의 1연에서 시적 화자는 요리나 노래, 혹은 주변 사물에 대해 "생각하지 않았다"고 실토한다. 타성에 젖는 일과에서 사물들은 더 이상 질문의 대상이 아니고, 그녀 역시 그러한 사물에 습관적으로 대응하는 자동적 존재자였다. 그러나 화자는 어느 순간 코다리 냉면을 접하며 갑작스러운 인식의 변화를 경험한다. 코다리는 누가 잡았는지, 무슨 인연으로 코다리는 그녀 안에 제 찢어진 시신을 부리는지, 그녀는 왜 그의 묘지가 되어야 하는지에 대한 질문들은 궁금함을 넘어, 자신이 외면하고 있던 감각과 상실의 실체를 드러낸다.

이 지점에서 코다리는 더 이상 단순한 식재료가 아니다. 생물의 죽음을 무심히 소비하는 인간의 삶을 돌아보며 의식 없이 살아온 자아를 비판하는 검열의 대상으로 기능한다. 폭력적인 살의가 농후한 '찢어진 시신'이나 주검을 지칭하는 '묘지'와 '하얀 시트' 등의 표현은 먹고 먹히는 먹이 사슬의 엄정한 논리를 가열하게 제시하여 말린 코다리보다 그녀가 정서적으로 더 말라 있었음을 간파해낸다. 시의 마지막 연에서 죽은 건 코다리이고, 죽은 코다리를 먹은 그녀는 아직 숨 쉬고 있다는 대비를 통해 이 시는 일상의 무의미한 반복 속에서 문득 발견해 낸 실존의 문제와 몸을 지닌 생물들의 비극성을 아프게 묘파하고 있다.

아무리 침묵을 가르쳐도
자신을 드러내는 것들이 있다

평생 굽힌 적 없었다며
길고 반듯이 누운 꽁한 족속
짭짤한 소금기로 무장하고
죽어서도 제 짝을 백허그하는
고등한 족속

참숯화로에 나란히 누웠거나
시큼한 묵은지에 덮여 있거나
칼칼한 양념 무에 올라앉아도
사방팔방 비릿한 소리를 띄우는

> 요란한 족속들이 있다
>
> 나는 이제 두 번째 죽는다
> 죄도 없이 두 번이나 죽는다
>
> 등 푸른 것들 요란스럽다고
> 하얗게 눈 흘기다가 울컥 목이 멘다
>
> 유언 한 마디 못 전하고 쓸쓸히 떠난
> 자식 자랑에 침이 마르던 독거노인
> 그 어르신 생각이 나서
> ―「등 푸른 것들의 유언」 전문

 시 「등 푸른 것들의 유언」은 낯익은 사물을 매개로 하여 몸을 가진 생명의 존엄성에 대한 깊은 고찰을 끌어내고 있다. 시적 화자는 참숯화로에 나란히 누웠거나 시큼한 묵은지에 덮여있거나 칼칼한 양념 무에 올라앉아 인간의 식탁에 헌납되는 꽁치나 고등어와 같은 등푸른생선들을 꼼꼼히 관찰해간다. 최종포식자인 인간에게 먹히는 등푸른생선들은 평생을 굽힌 적 없이 식탁에서도 길고 반듯이 누워있는 자존적인 존재이다.
 시인은 '등푸른생선'을 단순한 식재료가 아니라 단일 존재의 흔적을 지닌 주체로서 재현해 내고 있다. 등푸른생선 자신이 살아낸 정체성대로 사방팔방 비릿한 소리를 띄운다는 것은 죽어서도 자신의 삶, 그 증거의 시간들을 당당하게 표명함이며, 죽어서도 사랑의 실천력으로

제 짝을 백허그 한다는 것은 자신의 영역을 넘어서 동지애로 함께하고자 하는 연대, 즉 아름다운 확장적 생의 의지를 내시한다.

그럼에도 시의 3연에서 반복되는 "나는 이제 두 번째 죽는다/ 죄도 없이 두 번이나 죽는다"라며 등푸른생선이 내는 직접적인 목소리는 처절하기까지 하다. 인간에 의해 한번 죽임을 당하고나서 보존되었다가 다시금 여러 조리법에 의해 또다시 죽을 수밖에 없는 비정한 절규인 탓이다. 인간에 의해 어획되고, 다시금 그 인간을 위해 여러 요리 방식으로 먹혀야 하는 슬픈 운명이 제시되고 있는 것이다. 인간에 의해 두 번이나 죽음을 당하는 등푸른생선의 암담한 비애가 스며드는 순간이다.

이는 시의 마지막 연에서 유언 한 마디 못 전하고 쓸쓸히 떠난 독거노인을 떠올리고 목이 메는 화자의 심경이 드러나면서 반전이 발생한다. 인간에 의해 두 번이나 죽는 등푸른생선은 오히려 두 번 죽을 때조차 비린내라는 자신의 향취를 노골적으로 요란스럽게 드러내지만, 유언도 못 한 독거노인의 죽음이 대조되기 때문이다. 인간도 등푸른생선도 모두 몸을 가지고 있기에 각자의 삶이라는 명분과 의지를 가지고 살아내야 하며 반드시 죽어야 한다. 이때 몸은 더 이상 단지 육체적인 외양이 아니라, 생의 고통과 기쁨을 내장한 서사가 된다.

시인은 침묵을 가르쳐도 자신을 드러내며 자기 증명을 끝끝내 해내는 등푸른생선과 살아서는 자식 자랑에 침이 말랐지만 유언 한 마디 못 전하고 쓸쓸히 죽은 독거노인을 극적으로 비교하면서 몸을 가진 생물로서의 죽음들을 통해 몸을 가진 존재로서의 존엄을 기억하게 한다. 그렇다면 두 번의 죽음에서조차 주체적인 등푸른생선은 고등어의 언어유희이기도 한 고등 족속이고, 홀로 저속低俗하게 죽어간 독거노인은 저등 족속이 되는 셈이다. 여기에 이 시의 놀라운 통찰이 숨어있다.

몸을 가지고 있기에 견지해야 할 숙명적인 질병과 고통을 내포한 시들로는 아래의 시들이 있다.

개도 안 걸린다는 여름 감기, 더위에 지친 내 몸을 순식간에 점령했다. 콧속에 진입해 훌쩍훌쩍 시위를 시작하더니, 막힘없던 목구멍에 콜록콜록 제동장치를 달고, 거들먹거리던 머리까지 지끈지끈으로 동여맸다.

애초에 내가 부르려던 이름 하려던 말들이 보이지 않는 화살표를 따라 죽죽 미끄러지고, 생각의 속살이 자꾸 감춰지는 건, 분명 저 침입자의 요사스러운 잔재주 때문이다.

아파트 앞 내과에 들러, 최신형 반격 무기를 엉덩이에 장착하고, 깐깐한 의사의 잔소리를 주머니에 집어넣었다. 과로하면 안 돼요. 식사 거르지 마세요. 푹 주무시고 약도 잘 챙겨 드세요.

그는 도대체 어디에 숨었다가 접근했는지, 헐렁한 내 레이더로는 근원지를 알 수 없다. 지끈지끈, 어질어질, 캑캑에 맞서, 따끔한 무기의 성능을 믿으며, 잔소리 한 움큼을 목구멍에 털어 넣는다.

오늘의 실외 온도 37℃.
춥다.
―「무단침입」전문

사람을 가리지 않는다
키가 크거나 작거나
덩치가 남산만 하거나 종잇장 같거나
부자나 가난뱅이나
자신을 필요로 하면 주저 없이 출동한다

종교도 도덕도 배운 적 없고
위로라는 말은 입에 올린 적 없지만
누군가 겪는 고통의 성벽을 허물기 위해
거침없이 진격한다

약간의 워밍업은 늘 있어 온 일
짧게는 서너 시간 길게는 스물네 시간
철통 방어막을 세우고 근원을 공격하며
경계 태세를 늦추지 않는다

넘어진 상대는 틈을 엿보다
벌떡 일어설지 모르므로
교대 근무조가 올 때까지 빗장을 지르고
빈틈없이 잘 지켜야 한다

그래도 앓아누울 권리는

오직 주인의 것이다

—「진통제」전문

  몸을 가진 생명체인 인간은 시간의 속도에 거역하지 못하고 노화하며 질병과 맞닥뜨린다. 발병을 하거나 신체에 손상이 있을 때 발생하는 불쾌한 감각적이고 정서적 경험이 통증이다. 우선 발병을 하게 되면 일차적으로 통증이 유발되고, 그러한 통증은 신경계 전체가 관여하는 복합적인 생리적 반응으로서 발병을 인지하게 한다. 결국 통증은 병의 원인을 찾아 치료를 시작하게 하는 지각知覺 경고警告인 셈이다. 이때 통증을 완화시키기 위해 약물을 투약하는데, 가장 많이 사용되는 약물이 진통제이고 부차적으로 항우울제나 국소제가 활용된다.

  인용 시「무단침입」에서 화자는 개도 안 걸린다는 여름감기에 걸려 더위에 지친 몸을 순식간에 점령당하기에 이른다. 과로하면 안 되고 식사 거르지 말고 푹 자고 약도 잘 챙겨 먹으라는 깐깐한 의사의 잔소리를 주머니에 집어넣는다. 화자의 토로는 계속 이어지는데, 어디에 숨었다가 접근했는지, 헐렁한 레이더로는 근원지를 알 수 없지만 몸의 이상변화는 지끈지끈 어질어질 캑캑 등 신체 증상이 음성상징어로 반복되어 고통의 생생함을 고지하고 있다. 이에 맞서 처방약 한 움큼을 목구멍에 털어 넣는다고 해도 쉽사리 여름감기가 진정되지 않을 듯한 예감은 시의 결미에 단호히 드러난다. "실외 온도 37℃"지만 "춥다"는 아이러니한 결말은 육체적인 냉

기뿐 아니라 심리적 고립감까지 암시하며 자신의 몸이 지만 통제되지 않는 질병의 현주소를 예리하게 포착하고 있다.

또 하나의 인용 시「진통제」에서 주제어 '진통제'는 단어의 풀이 그대로 중추 신경에 작용하여 환부의 통증을 억제하는 약이다. 시인은 이 진통제를 인간이 자행해 온 반윤리적인 행태에 비견하여 얼마나 훌륭한 성정을 지녔는지를 시의 첫 연에서부터 설파하고 있다. 키가 크든 작든 덩치가 남산만 하거나 종잇장 같거나 부자나 가난뱅이거나 외양 여부, 재력 차이 등 가리지 않고 자신을 필요로 하면 주저 없이 출동한다는 유쾌한 서술을 통해 만인에게 차별 없이 평등하게 작용하는 진통제의 헌신적인 보편성을 강조한다. 얼마나 모범적이고 존경스러운 진통제인가.

이어 종교도 도덕도 배운 적이 없고 위로라는 말은 입에 올린 적이 없지만 누군가 겪는 고통의 성벽을 허물기 위해 거침없이 진격한다는 시의 2연은 다시금 인간의 복잡다단한 성장 배경에 준하여 진통제가 가진 단순한 기질을 강조하며 활동성의 극치를 보여준다. 오로지 고통을 줄이기 위해 충실한 진통제의 실천력을 역설하는 부분이다. 시의 3연과 4연에서는 진통제의 성실성이 두드러진다. 짧게는 서너 시간에서 길게는 스물네 시간 동안 교대 근무조가 올 때까지 철통 방어막을 세우고 근원을 공격하며 경계 태세를 늦추지 않는 진통제의 통증 경감을 위해 책임감 넘치는 태도는 가히 압권이다.

모든 인간에게 공평하게 침투하는 진통제와 발병한 인

간의 상호연결성이 유려하게 전개되다가 시의 마지막 연에서 절망이 발생한다. 몸이 있어서 발병을 하게 되는 인간의 생리와 병든 몸에만 투약되는 약물 사이에서 그들의 결곡한 관계가 깨어 지기 때문이다. "앓아누울 권리는 오직 주인의 것"으로 몸을 지닌 인간 대신 몸이 없는 진통제가 대신 아파해 줄 수 없다는 극적인 한계를 오롯이 드러내는 것이다. 인간에 견주어 출중한 성품의 진통제라도 환자를 위한 보조적인 수단일 뿐 환자를 대신해서 앓아누울 권리가 없다는 비감은 몸이 있어 감각하는 인간의 고통은 결국 인간이 스스로 극복해야 한다는 것을 간파하고 있다.

> 평생을 두고 해온 일은
> 자신을 천천히 구겨버리는 일
>
> 도를 넘는 차별은 도르르 말아 품에 넣고
> 보이지 않는 압력 앞에
> 얇게 엎드려 부피를 줄였다
>
> 가끔은 바른말도 해보고
> 정의로운 자의 편도 들어줬지만
> 결과는 늘 강한 자의 뜻대로 정해졌다
>
> 그럴 때마다 보일 듯 말 듯
> 제 몸에 그려 넣은 상처의 습작들
> 눈가와 입꼬리에 잔물결로 번지다가

이마에 가로줄 죽죽 새기고
사이사이 세로줄 섬세히 그렸다

이제 앞으로 나아갈 일도
돌봐야 할 꽃과 나무도 없는 나이
무심히 고개 든 엘리베이터 거울 속
평생 습작한 작품과 눈이 딱 마주친다

버리려 해도 버려지지 않는
웃음 반 울음 반
우글쭈글 어색한 작품 한 점
—「습작, 작품이 되다」전문

 시 「습작, 작품이 되다」는 이번 시집 중에서 감동적인 수작 중 하나이다. 자아 성찰의 깊이가 이보다 더할 수 없으리만치 시인의 생애를 처절하고도 애틋하게 응축해낸 내면적 '자화상 시'인 까닭이다. 어느 날 문득 화자는 무심히 고개 든 엘리베이터 거울 속에서 자신의 모습을 확인하게 된다. 살아온 세월이 이미 넘치도록 길었기에 이제 더 이상 앞으로 나아갈 일이 없다는 자조적인 체념은 돌봐야 할 꽃과 나무도 없는 나이임을 구체적으로 예시하며 활동력이 저조한 나이 든 화자의 현재를 표출한다.
 가끔은 바른말도 해보고 정의로운 자의 편도 들어줬지만 결과는 늘 강한 자의 뜻대로 정해졌기에 약자의 진실이 외면당하는 냉혹한 현실 인식 앞에서 자포자기했던 자신의 얼굴로 이어진다. 단념의 순간마다 보일 듯 말

듯 몸에 그려 넣은 상처의 습작들은 눈가와 입꼬리에 잔주름으로 번지다가 이마에 가로줄 주름을 새기고, 그도 모자라서 틈 사이사이의 세로줄 주름을 섬세히 그렸다고 토설하게 된다. 주름들은 지나간 생애와 축적된 세월을 몸에 새긴 흔적으로서 인생의 굴곡을 진솔하게 드러내는 것이다.

차별을 당하거나 목도했다고 해도 침묵으로 일관하며 보이지 않는 압력 앞에서 얇게 엎드려 부피를 줄였다는 묘사는 자존심을 낮추고 다소 비굴하게 생존해 왔던 삶의 방식을 가감 없이 내보인다. 그렇기에 화자는 생을 두고 해온 일은 "자신을 천천히 구겨버리는 일"이라고 정의하기에 이른다. 차별에 저항하고 항거하는 자아를 방기하고, 사회적인 절대 권력이나 억압 앞에서 무력하게 방치된 자기 연민과 상처가 고스란히 드러나는 부분이다.

사회 정의와 실제 현실의 괴리를 체험한 화자의 무력감은 시의 말미에서 최고조에 이른다. 바로 "버리려 해도 버려지지 않는/ 웃음 반 울음 반"의 "우글쭈글 어색한 작품 한 점"이 바로 화자의 자화상으로 완성되는 연유이다. 거울 속 화자의 자화상에 독자들의 얼굴이 겹치며 투영되는 순간, 각자 자신들이 살아낸 세월이 중첩되면서 인간관계라는 사회적 상호작용 내에서 자신의 역할과 위치, 집단 속 자아정체성을 자문하게 한다.

나는 누구인가? 그들 사이에서, 혹은 사회라는 규범 내에서 나의 처소는 어디인가? 나는 잘 살아온 것인가? 내 삶의 목적은 무엇인가? 등의 근원적인 질문을 독자 스스로에게 던지게 만들고 있다. 하지만 누구에게나 살아온 생의 집적은 자신만의 역사가 된다. 한 번도 살아본 적이 없기에, 그리고 돌이켜 복기하고 수정할 수 없기에, 매번 실수하고 좌절하고 다시금 용서하며 화해해 간 모습 그대로가 빛나는 자신만의 작품으로 완성되는 것이라고 시인은 독자들을 위로하기에 이른다.

 찾아가야지만 마주하게 되는 우물을 들여다보면서 윤동주는 시「자화상」을 통해 자신을 고독하게 탐색하였고, 유안진은 시「자화상」에서 허공 속 자신을 구름의 딸이자 바람의 연인이라고 자연에 빗대어 드러냈다면, 권예자 시인은 생활의 도구인 '엘리베이터 거울'이라는 일상속에서 마주치는 매개체를 통해 어디서나 언제나 자기 검열의 가능성을 열어주고 있다. 여기에 권예자 시인의 자화상이 그 어떤 기존의 자화상 시들보다도 위대하며, 권예자 시인의 자화상이 당장 지금 우리의 생활 속에서 각자의 자화상을 그려보도록 일깨우는 충분한 이유가 된다.

    일 년 삼백육십오 일
    하루도 빠짐없이 먹는 밥
    쌀밥, 잡곡밥, 김밥, 주먹밥
    한 생을 밀고 가는 여러 가지 밥
    때론 감자, 고구마, 채소도 밥이었다

    동행과 걸음을 맞추려
    속이 쓰려도 먹는 밥
    어둠 속에 웅크리고 먹는 콩밥도 있다

누군가는 진수성찬으로
어떤 이는 눈물에 말아 먹는다
더러는 죽지 못해 씹기도 하는 밥

어떤 밥이 완성되기까지
평생이 걸리기도 하고
밥솥에 전기 꽂기보다 짧기도 하다

지겹다, 지겹다 하면서도
너에게 꼼짝 못 하는
나도 밥이다
— 「밥」 전문

 밥은 액면 그대로 생존을 위해 섭취해야 하는 수단이자 매일 매번 누군가를 살아가게 하는 에너지 공급원이라는 측면에서 삶 자체이거나 사랑이라는 속성으로도 환치된다. 일 년 삼백육십오 일을 하루도 빠짐없이 먹는 밥이라는 가장 반복적이고 일상적인 소재를 통해 인간 삶의 복잡다단한 양상을 점층적이고 다층적으로 풀어낸 작품이 시 「밥」이다. 그렇기에 인용 시 「밥」에서 '밥'은 단순한 음식뿐만이 아니라 삶의 지속성과 인간관계를 상징하는 핵심 모티프로 사용되고 있다.

 시에서 밥은 쌀밥, 잡곡밥, 김밥, 주먹밥 등 여러 밥이 있으며, 감자 고구마 채소 등 대체재로서의 밥도 있다고 나열된다. 밥의 다채로운 종류는 다시금 생애의 속성상

다양한 밥의 역할로 확산된다. 인간관계 속에서 자신을 억누르고 맞춰가야 하기에 동행과 속이 쓰려도 먹는 밥이 있고, 어둠 속에 웅크리고 먹는 콩밥도 있음은 감옥이라는 소외 공간의 밥을 떠올리게 한다. 누군가는 진수성찬으로 먹고 어떤 이는 눈물에 말아 먹기도 하고 더러는 죽지 못해 씹기도 하는 밥이라는 것은 사회적 불평등 속에서도 밥이 지닌 평등한 본질적인 의미와 가치를 부각해 낸다.

이러한 밥은 죽기 전까지 영원히 지속되어야 하는 속성을 지니고 있기에 화자는 밥을 인생으로 비유하며 어떤 밥이 완성되기까지는 평생이 걸리기도 하고, 평균 수명 보다도 일찍 하직해야 하는 생을 지칭하여 밥솥에 전기 꽂기보다 짧기도 하다고 표현한다. 이어서 시의 마지막에 이르러 지겹다 하면서도 "너에게 꼼짝 못 하는 나도 밥이다"는 선언은 밥은 곧 누군가에게 끊임없이 소모되는 희생적 존재이자 무조건적으로 공여되는 사랑임을 천명하고 있는 것이다.

한국 문화에서 밥과 인간관계는 매우 밀접하게 연결되어 있다. 밥을 먹자는 청유는 단일한 식사 행위를 넘어서 관계 형성이나 관계 유지의 실천으로 작동하며, 정효구가 발음의 유사성으로 기술한 바대로 밥Bob을 먹기 위해서는 잡Job을 구해야 하는 현실을 드러내기도 한다. 생활 속에서 사용하는 밥심, 밥줄, 밥값 등의 표현들이 많듯 밥과 생은 떼려야 뗄 수 없는 등가적 연관어임이 확인된다. 더불어 밥은 우리가 살아가는 사회의 가치관과 생활 방식이 집약된 문화적 기호이자 삶의 근간을 이루는 헌신이라는 점에서 사랑 그 자체가 된다. 시인은 이런 다각적인 메시지를 이 시에 밥처럼 꾹꾹 눌러 담아내고 있다.

> 비닐 막 아래 구부정한 그림자
> 오일장의 끝자락
> 할머니의 하루가 길게 누워 있다
>
> 좌판에 먹을 것 그득해도
> 종일의 허기가 신호를 보내온다
> 점심인 듯 저녁인 잔치국수 한 그릇
> 허겁지겁 빨아들이는 국숫발 사이
> 근심 몇 가닥도 함께 욱여넣는다
>
> 내일의 생활비
> 뒤틀린 무릎의 통증
> 대책 없는 불안도 억지로 삼킨다
>
> 빛나던 시절을 지나 하얗게 바랜
> 누군가의 어머니 또 어머니의
> 목구멍을 타고 넘는 허름한 식사
>
> 서쪽 하늘이 붉게 젖는 폐장 무렵
> 소리 없이 철수하는
> 한 생의 그림자
> ─「폐장 무렵」 전문

시 「폐장 무렵」은 좌판대에서 물건을 파는 노인의 고단한 삶을 섬세하게 그려내고 있다. 화자는 오일장의 끝자락에서 비닐 막 아래 구부정한 그림자로 앉아 있는 할머니와 마주친다. 그 할머니는 좌판의 먹을 것들이 그득해도 오직 판매를 위해 종일 허기를 견디며 점심인 듯 저녁인 잔치국수 한 그릇을 허겁지겁 빨아들이고 있는데 국숫발 사이 근심 몇 가닥도 함께 욱여넣는 모습이라는 묘사에는 시인의 애잔한 연민이 들어있다.

　내일의 생활비와 뒤틀린 무릎 통증이며 대책 없는 불안도 억지로 삼킨다는 시의 3연은 이 시의 정점으로 노인의 고통을 참아내는 의지와 고독을 동시에 엿볼 수 있다. 어두운 현실에의 목도이자 더 어두울 미래를 시사하고 있는 까닭이다. 그렇기에 시의 변환을 도모하는 4연에서는 할머니의 과거가 회억으로 떠오른다. 그것은 바로 "빛나던 시절"이라는 구절이다. 모두에게 빛나는 청춘은 있었을 것이다. 퇴색하지 않을 것 같은 젊음과 변색되지 않을 듯한 꿈이 있었을 것이다. "누군가의 어머니"라는 가족 내 어머니로서의 뜨거웠던 자신이 있었을 것이다.

　하지만 이제는 하얗게 바랜, 지난한 세월이 길게 누워 있던 하루를 접고 폐장 무렵 소리 없이 철수하는 한 생의 그림자인 할머니는 시의 말미에서 무기력해 보인다. 그런 할머니의 배경으로는 서쪽 하늘이 붉게 젖고 있어 이 시를 더욱 색조 대비로 인한 애상스러운 장면으로 그려내고 있다. 여기에서 누군가의 어머니라는 모성 역할로서의 할머니가 견뎌냈을 세월의 아득함이 전해지며, 신체 페미니즘을 구현한 여성적 글쓰기로서의 권예자 시인의 따스하고도 섬세한 눈길이 드러나는 것이다.

> 난생처음
> 딸기를 깎다가 울컥,
> 과도를 떨어뜨린다
>
> 놀랍고 놀라워라
> 하얀 살 가득 빼곡히 새겨진
> 작디작은 큰 상처
>
> 심장에서 뻗은
> 길의 촉수가 가리키는 곳
> 새까만 씨앗 촘촘히 맺혀있다
>
> 무른 살 다독여 길을 내고
> 길 끝에 무기와 후손을 장착한
> 저 딸기의 모성애
>
> 대학병원 암 병동의 25시
> 구부정한 어깨 아득바득 세우고
> 단 한 곳으로만 촉수를 뻗는
> 어머니, 어머니들
> 병상의 그림자 아래 웅크린
> 환자보다 더 아픈
> ―「딸기를 깎다가」 전문

화자는 난생처음 딸기를 깎다가 울컥하는 감정의 파고를 감지하며 과도를 떨어뜨린다. 예기치 않은 상황에서 발생한 감정적인 충격으로 불안정한 심리가 발현하게 된다. 하얀 살 가득 빼곡히 새겨진 작디작은 큰 상처를 발견해서인데 심장에서 뻗은 길의 촉수가 가리키는 곳에 새까만 씨앗들이 촘촘히 맺혀있는 연유이다. 무른 살 다독여 길을 내고 길 끝에 후손을 장착한 딸기의 모성애에 눈길이 가닿는 순간 시인은 시의 현장을 '딸기'에서 '대학병원 암 병동'으로 옮겨 조명해 낸다.
　암 병동은 난치병인 암을 치료하면서도 치료가 불가능할 경우 죽음이 공존하는 냉혹한 공간으로, 환자와 보호자의 극심한 고통이 감지되는 장소이다. 하루도 모자라 25시를 견인하는 구부정한 어깨 아득바득 세우고 단 한 곳으로만 촉수를 뻗는 환자 보호자인 어머니들과 딸기 씨앗들이 포개지면서 병상의 그림자 아래 웅크린 환자보다 더 아픈 그들의 속내를 관통하고 있다. 바로 '모성애'라는 단어가 지닌 엄중한 사랑의 무게를 딸기 속에 산재한 검은 씨앗들과 암병동에서 자식의 삶을 지켜내려는 어머니들로 함께 짚어내려는 의도인 것이다.
　모성애는 어머니 사랑이라는 단순한 뜻풀이를 넘어서 조건 없는 헌신이라는 자장을 지니며, 자식을 위해서 무어든 할 수 있는 강한 본능을 함의한다. 인간을 포함하여 생물들의 생명을 이어가게 하는 근본적인 힘이기도 하며, 문학적이나 사회심리적으로 중요한 가치로 여겨진다. 모든 생물들은 존재근거로서의 어머니가 있었기에 태어나 생명이 존속되었으며 무한한 성장을 실현해 왔을 터이다. 그러한 모성애를 시의 터전으로 삼아서, "살은 물러도/ 씨는 단단한 딸기"를 "불임을 앓는 이웃 새댁"에게 "기도를 담아 건네고 싶다"는 시「빨갛게 물든 하루」를 통해 시인은 불임을 겪는 여성에게 딸기로 전달하려는 잉태의 희망을 담아낸다. 궁흌한 모성애의 눈길로 살아온 시인의 시들이 얼마나 아름답고 눈물겨운지를 확인하는 부분이다.

수잔 그리핀이 "우리는 여성이고 자연이다"라고 여성과 자연이 동질임을 표명하며 남성들은 자연이 말하는 것을 들을 수 없지만 여성들은 들을 수 있다고 확언하였듯이, 권예자 시인은 이번 시집의 도처에서 자연과 여성 간의 상보적인 관계를 상정하는 시 세계를 추구하고 있다. 이는 인용한 시들 외에도 만찬장에서 때 빼고 광내고 나체로 누워 있는 광어의 유언(「광어의 유언」)을 말하게 하거나, 쭉 뻗은 몸매 날카로운 입매로 바다의 칼이라 불리던 갈치도 진짜 칼 앞에서는 속수무책임을 간파(「제주 은갈치의 꿈」)해 낸다.

동물에서뿐 아니라 식물에서도 자연과 여성의 연결성은 드러나는데, 몸을 열면 고여 있던 투명한 슬픔이 당신을 적실지도 모른다며 슬픔이 가득 차 있어 살이 무른 수밀도는 화자와 동일시(「수밀도」)되고, 요양병원 창문 안으로 줄줄이 누워있는 희미한 백일홍 물결(「지지 않는 백일홍」)에서 요양병원 환자들과 백일홍이 겹쳐진다. 이에 더 나아가 자연물에서도 여성 신체와의 동일성 회복은 이어진다. 어둠 저편에 맨발로 서서 제 몸을 씻어 무지개로 피어나는 그녀(「짝사랑이 길다」)인 노을이 등장하기도 하고, 불 밝힌 점 하나 환하게 타고 있는(「그믐을 건너는 달」) 달이 직접적인 언술로 출현하기도 한다. 이렇게 자연의 몸과 여성의 몸을 연결하여 몸의 지각을 통한 세계와의 직접적인 만남을 구현해 내고 있는 것이다.

  인간을 포함한 모든 생명체들은 몸을 지니고 태어나 성장하고 노화하며, 마침내 죽음에 이른다. 살아 있는 존재라면 누구도 이 질서에서 벗어날 수 없다. 몸은 단순히 생존을 증명하는 생물학적 기제가 아니라 살아내야 하는 숙명과 함께 시간의 한계를 품고 있는 실존의 그릇이다. 우리는 몸을 통해 스스로를 자각하고, 타인과 관계를 맺으며, 세계와 접속하고 이별한다. 태어나 먹고, 자고, 일하고, 사랑하고, 출산하고, 죽는 모든 행위는 몸이라는 물질적 조건 위에 놓인 다양한 삶의 층위들이다.

  즉 삶은 몸을 기반으로 한 끊임없는 섭생의 과정이자 존재의 전제여서 몸이 있기에 우리는 복합적으로 살아갈 수 있지만, 아이러니하게도 그 몸으로 인해 죽음을 피할 수 없다. 이는 인간 존재가 지닌 본질적인 모순이며 끊임없이 철학적 성찰의 대상이 된다. 아리스토텔레스는 몸을 영혼과 하나인 목적 실현의 수단으로 보았으며, 하이데거는 인간을 죽음을 향해 가는 존재로 정의했다. 그들은 몸을 통해 드러나는 인간의 욕망과 유한성에 주목한 것이다.

  권예자 시인은 이번 시집으로 몸에 대해 정치한 사유를 하고 있고, 죽음을 자각함으로써만 삶을 깊이 있게 인식하게 된다는 사실을 보여준다. 이는 시에서 발견하게 되는 아들의 죽음과도 관련이 있어 보이는데, "항암 주사 부작용으로 눈만 퀭한 사랑하는 둘째의 앙상한 손"(「노란 봄날의 기도」)이라든가 "천국으로 떠난 우리 둘째 프란치스코"(「숨결 머무는 자리」)에서 드러나고 있다. 가장 가까운 처소에 머물던 자녀와의 결별은 시인에게 가혹하리만치 첨예한 시적 고투를 요구했을 것이고, 몸을 가진 인간이기에 사라져 버리는 운명의 비극이 탄생했을 것이다. 몸은 단순한 물체가 아닌 세계를 이해하고 살아가는 중심임을 설파하는 지점에, 그리고 유려한 신체 페미니즘의 여성적 글쓰기의 핵심에 권예자 시인의 이번 시집이 값하는 탁월한 시적 성취가 드러난다.

권 예 자

권예자 시인은 대전에서 태어났고, 국가공무원으로 오래 근무했다. 2002년 「동전 세 닢」으로 『창작수필』, 2004년 「구두 한 짝」 외로 『문학저널』(시부문)을 통하여 등단을 했다. 시집으로는 『숲이 나를 보고』, 『비밀일기장』, 『가문비나무 기록장』, 수필집으로는 『내안의 피에타』, 『봄비, 꽃잠 깨다』, 『수필이 나를 쓴다』, 『추억, 빛으로 물들다』 등이 있다. 창작수필문학상, 원종린수필문학상, 황금찬시문학상 등 십여 회의 수상을 했으며, 현재 한국문협, 창작수필, 대전문협, 대전문총, 오정문학, 대전시인협회, 공무원문학, 백지시문학회, 꿈과 두레박의 회원으로 활동하고 있다.

권예자 시인의 네 번째 시집 『습작, 작품이 되다』는 '자화상'이며, 이 자화상의 역사는 습작의 역사이다. 더없이 순수하고 거룩하고, 더없이 장엄하고 숭고하다. 『습작, 작품이 되다』. 권예자 시인은 이 한 권의 시집을 출간하기 위하여 80평생이 넘도록 온몸으로 절차탁마의 삶을 살아왔던 것이다.

이메일   bombi42@hanmail.net

권예자 시집

습작, 작품이 되다

발 행	2025년 8월 7일
지은이	권예자
펴낸이	반송림
편집디자인	반송림
펴낸곳	도서출판 지혜, 계간시전문지 애지
기획위원	반경환
주 소	34624 대전광역시 동구 태전로 57, 2층 도서출판 지혜
전 화	042-625-1140
팩 스	042-627-1140
전자우편	eji@ji-hye.com
	ejisarang@hanmail.net
애지카페	cafe.daum.net/ejiliterature

ISBN   979-11-5728-580-8   03810
값   12,000원

이 책의 판권은 지은이와 도서출판 지혜에 있습니다.
양측의 서면 동의 없는 무단전재 및 복제를 금합니다.

후원: (재)대전문화재단

* 이 사업은 대전광역시, (재)대전문화재단에서 사업비 일부를 지원 받았습니다.